Jorge Wanderley

ANTOLOGIA POÉTICA

Jorge Wanderley – *arquivo da família*

JORGE WANDERLEY

ANTOLOGIA POÉTICA

Organização
Márcia Wanderley

Prefácio
João Alexandre Barbosa

Æ
Ateliê Editorial

ISBN 85-7480-067-8

Direitos reservados à
ATELIÊ EDITORIAL
Rua Manoel Pereira Leite, 15
06709-280 - Granja Viana - Cotia - SP
Telefax (11) 4612-9666
www.atelie.com.br / e-mail: atelie_editorial@uol.com.br
2001

Impresso no Brasil
Foi feito depósito legal

SUMÁRIO

RÉQUIEM PARA JORGE WANDERLEY – *João Alexandre Barbosa* . . 13

GESTA E OUTROS POEMAS 23
Gesta 25
Três Canções 33
Antepoema 35
Soneto Inglês 36

ADIAMENTOS 37
Viagem: O Bar Amarelo 39
De um Título de José Donoso 41
Irregulares, a Meu Gosto 43
Privilégios 44
Entardecer. Recife, Domingo 45
Espelho 46

Um Rio. Recife 47
Penedia 49
Resumo 50
Elegia Prévia 52
Os Itens 55
Cinema Mudo 57
Virgínia Woolf 58
Paisagem Noturna 59
Lear 60
À Poesia Escrita por Mulheres 61
Máximas Insolúveis 62
Receitas 64
Ensinando a Não Nadar 65
Aqui, no Fim 66
(A Oitava Sentença 67
Coisas de Testamento 68
O Ar em Torno 70
O Olhar em Torno 71
Outros Elogios 73
Para Amanhã 74
Intimidade 76
Chuva 77
À Espera 78
Bárdico 79

A Casa Navega 81
Notícias Livres 83
Novos Remédios 84
Outra Manhã de Domingo 85

Coração à Parte 87
Epitáfios, a Escolher 89

E a Verdade, sobre os Epitáfios, ou Epitáfios (Versão Coxia) . . 90
O Nome disso é Ódio 91
Oração aos Moços e Velhos, ou Cardápio do Bar Brasil (1977) 92
Teoria Literária, com Maiúsculas 93
Nem Comece 95
Emily Dickinson, Morri pela Beleza, etc., (Versão 1977) 96
Quarteto com Piano 97
Objetos 98
Pílulas, Ora 99
Al Gusto 100
Romero 102
Clara 103
Algemas Leves 104

MESA / MUSA 105
Ma Muse M'Amuse 107
A Estatueta 108
Para Mim Foram Feitas 109
Água Alheia I 110
Água Alheia II 111
Aquela 112
Inventário 113
À Manhã de Domingo de Wallace Stevens 114
Que Coisa tão Literária 115
Nove Alfabetos da Palavra Rede 117
Memorial de Males 120
Terreno Baldio 121
De Repente me Sinto Velho 122
Clara Pintando 123
Agora Veja Bem 124
Hamlet 126
Lear Revisitado 127

Perguntas e Respostas 128
Agruras do Domingo 129
Não Era Aqui que Eu Queria Estar 130

A Foto Fatal 131
1. "Lá Atrás Havia, com Ameias" 133
2. "Minha Casa; São Paulo; a Medicina" 134
3. "Como se Segura um Cigarro?" 135
5. "Nesta Mesa de Bar na Calçada" 136
11. "Nesse Time de Futebol do Colégio Americano" 137
14. "O Mar de Boa-Viagem, Dividido" 138
16. "Corram, Clarinha e Romero" 139
19. "(Psicanálise)" 140
20. "(Vista por Trás)" 141
26. "Quase no Fim do Ábum Ele me Olha" 142
29. "Ontem Acordou às Quatro da Manhã" 143
32. "Ou Era um Sonho e Nele se Passava" 144
33. "Não, Felizmente" 145

Anjo Novo 147
"Foi Difícil Demais" 149
Histórias Sem Moral (I) – Tomás de Aquino 150
Histórias Sem Moral (II) – Mário de Andrade no Rio 151
"C. O Olhar de Mel" 152
Euclides Escolhe a Mortalha 153
Circunstancial 154
"Todos Leram os Poetas Elípticos" 155
"Mas Tantas Fiz..." 156
"da Janela para Lá" 157
Sinal na Pele 158
O Pintor (Brasileiro) me Disse que Era Tantra 159
"Pobre Hemingway" 160

"madureza pra quê?" . . . 161
Mare Novum . . . 162

Homenagem: Dez Sonetos . . . 163
Homenagem a Manuel Bandeira . . . 165
Homenagem a Fernando Pessoa . . . 166
His Time (Ou Homenagem a Ribeiro Couto) . . . 167
A Uma Morta . . . 168
Homenagem a Freud . . . 169

Manias de Agora . . . 171
Na Fresca da Madrugada . . . 173
Matéria de Sonho . . . 175
Epitáfio . . . 176
Tua Alma, Querias . . . 177
Cachimbos . . . 178
Histórias Sem Moral . . . 180
Diadema Rude, Não Te Tolero Mais . . . 182
Recorte . . . 183
Pintar Sem Retocar . . . 185
Santa Barroca . . . 187
Tema da Rosa / I . . . 188
Borges Morto . . . 189
Poema . . . 190
Maçã . . . 191
Dentro . . . 192
Palinódia . . . 193

O Agente Infiltrado e Outros Poemas . . . 195
Robinson . . . 197
Fratria . . . 198
Corpo Anterior . . . 199

Sou Cruzado 200
Midas Avesso, Eu Disse... 201
Como se Eu Fosse Algum Descobridor 205
Ir 208
Rosar 209
Era um Bertolucci 210
Soneto 212
Cartas Passadas 213
Xadrez 214
Cello 216
Coda 218
Estive Meio Esquisito Hoje 219
Canção para Leopardi 221
Poesia 223
Por um Quadro de Reinaldo Fonseca, na Casa de Jorge Martins Filho. Recife 224
Para Márcia 226
Voragem 228
O Jaguar 230
O Que É 231
O Anãozinho (Ou Carta aos Incréus) 233
Permitido Fumar 234
Orelha 236
Apêndices 238
Do Glossário: Árvores 240
In Tabula 241
Do Terraço 242

RÉQUIEM PARA JORGE WANDERLEY*

João Alexandre Barbosa

Antes de mais nada, preciso avisar ao leitor que este texto (por razões que serão dadas no final) será um texto comovido e, por isso mesmo, dele não se espere uma objetividade que, em outras circunstâncias, seria o que há de mais natural numa coluna que se pretende crítica. O que, de modo algum, significa dizer que se volte apenas para o poeta, desprezando o seu fazer. Pelo contrário, é exatamente pela obra deixada por ele que começo, estabelecendo os parâmetros pelos quais é possível afirmar a sua presença nos quadros atuais da poesia brasileira.

E esta obra, a de Jorge Wanderley, se inicia em fins dos anos cinqüenta quando, em Recife, escreve os seus primeiros poemas, logo reunidos, em 1960, no volume *Gesta e Outros Poemas*, publicado, ali mesmo, por O Gráfico Amador, notável experiên-

* Texto publicado na revista *Cult*, n. 31, 2000.

cia editorial em que tomaram parte alguns intelectuais pernambucanos, tais como Orlando da Costa Ferreira, Gastão de Holanda, Aloísio Magalhães, Ariano Suassuna, José Laurênio de Melo e outros, todos eles articulados pelo gosto do livro, da literatura, da arte e da tipografia, a que se vieram juntar, exatamente naqueles anos sessenta, alguns mais jovens como o arquiteto Jorge Martins Filho, o poeta Sebastião Uchoa Leite, o pintor Adão Pinheiro, o próprio Jorge Wanderley e o autor destas linhas.

O livro publicado pelo Gráfico, cujo *design* era de Gastão de Holanda, com gravuras de Adão Pinheiro, numa pequena tiragem de duzentos exemplares, dava origem a uma atividade de poeta que atravessou três décadas e que revela uma enorme fidelidade àqueles primeiros textos.

Na verdade, em *Gesta* e em seus primeiros poemas anteriores, já é possível fisgar aquilo que será uma constante de sua obra poética, isto é, uma grande facilidade para o uso da linguagem, para as formas fixas e livres da poesia, aliada a uma, por assim dizer, confiança no lirismo de cunho pessoal a que não falta, é bem de ver, o traço moderno, ou mesmo modernista, da ironia e do coloquial.

Neste sentido, o poema que dá título ao livro, é um longo texto de cento e oitenta versos, distribuídos em quarenta e cinco quartetos, em que, mais do que uma narração de acontecimentos, como sugere o título, o que se promove é uma convocação para os mesmos, num diálogo incessante de ficcional parceria, como se afirma desde a primeira estrofe:

> Chegado, pressinto em vós
> que não nos separaremos.
> Trazei-me vossa comida
> *e comendo conversemos.*

É o ardil de que se serve o poeta para estabelecer um vínculo de afetividade que, de um modo geral, caracteriza todos os textos deste seu primeiro livro. Trazendo o leitor para o tumulto de sua subjetividade, a poesia de Jorge Wanderley cria o espaço para uma grande generosidade, refugando qualquer traçado mais objetivo, com a notável exceção que é o poema "Igreja":

Cone ou mão quase fechada,
colina aguda de sal.
Dentro, o tempo desigual
e o órgão urdindo a arcada
de sons.

No som repousa a arquitetura
dos homens, e a conjetura
do eterno.

Por aí, talvez, a contrapelo, se explique a insistência no poema de forma fixa que, neste primeiro livro, se revela na composição dos seis sonetos que dele fazem parte, embora ainda ali aquele vínculo afetivo seja mantido, não obstante o maior teor de objetividade decorrente da própria estruturação estrófica e rítmica.

Dos seis sonetos então reunidos, apenas dois – "A Criação" e "O de Sempre" – não têm a sua enunciação fincada no sujeito, embora o deslocamento para uma terceira pessoa não anule, ainda que de leve matize, aquele vínculo de afetividade dominante. Mesmo porque, nestes casos, isto é, nos casos dos sonetos mencionados, acresce uma certa solenidade de dicção, por assim dizer, neoclássica (ou mesmo barroca, como ocorre com o "Soneto Inglês"), que confere ao conjunto uma espécie de aura poética, sem dúvida resultante de uma extrema confiança no lirismo de extração subjetiva. O que significa, por outro lado, confiança na linguagem poética, numa linguagem poética mais ou menos passada pelo crivo da tradição, a que, no caso de Jorge Wanderley, vinha se juntar aquela já referida facilidade para o uso da linguagem, livrando suas efetivações poéticas de qualquer problematização quer no nível da enunciação, quer no nível do enunciado, abrindo as portas para uma contínua efusão lírica.

É o caso, por exemplo, do lirismo de traço amoroso que se encontra nas "Três Canções" do livro, em que os sentidos da audição e da visão das duas primeiras confluem para as interrogantes mais ou menos retóricas da terceira, a culminar com a referência a um amor incontido cuja existência parece percorrer, encoberta, as meditações das duas primeiras.

Sem perda destes traços originários, tais como se configuravam em *Gesta e Outros Poemas*, mas com o acréscimo de experiências literárias e existenciais decisivas (destacando-se, entre estas últimas, o desvio de rumo profissional da medicina e da especialidade em neurocirurgia para o estudo universitário da literatura e seu posterior magistério), decorreram quatorze anos para que, de novo, surgisse um livro do poeta, ainda, desta vez, publicado em Recife pela Imprensa Universitária: o volume de poemas *Adiamentos*, de 1974, a que se veio juntar, neste mesmo ano, a notável tradução do poema *Le Cimetière Marin*, de Paul Valéry, publicado no Rio de Janeiro pela Editora Fontana, nova experiência de Gastão de Holanda no campo da editoração artística, e que teve uma republicação, em 1986, pela Editora Max Limonad de São Paulo.

Na verdade, não era sem significado a publicação simultânea dos dois livros porque se, por um lado, o livro de poemas representava a conquista de uma dicção mais liberta do cerrado subjetivismo afetivo da primeira obra, acrescentado por uma linguagem já mais desconfiada dos valores do lirismo tradicional, contaminada por uma ironia e uma auto-ironia que, de certa forma, reduziam a solenidade de textos anteriores, a tradução do famoso poema valéryano vinha estabelecer, por outro lado, um roteiro de trabalho poético do qual Jorge Wanderley não mais se afastaria, isto é, o de fazer acompanhar a sua produção própria da leitura como tradução de alguns poetas decisivos para a sua formação.

Ao mesmo tempo que aquilo que no próprio título do volume de poemas apontava para uma pausa reflexiva acerca da composição de poemas, obrigando, por assim dizer, a uma suspensão da facilidade no uso da linguagem que lhe era congênita, como já várias vezes se disse, a tradução de um poema com as complexidades conhecidas do texto de Valéry supunha e exigia a problematização dos próprios valores da linguagem poética e, em decorrência, das fontes líricas originárias. Era como se, pela tradução, fosse aprendendo a represar aquela efusão lírica já assinalada e conquistando a realização de textos poéticos mais equilibrados em termos de expressão de uma generosa subjetividade – traço irremovível de personalidade.

Isto, que já desponta nos "adiamentos" líricos do livro de 1974, vai se confirmar nos livros seguintes: *Coração à Parte* (Rio de Janeiro, Achiamé, 1979), *A Foto Fatal* (Rio de Janeiro, Taurus, 1986), *Anjo Novo* (Rio de Janeiro, Taurus/Timbre, 1987). Mas é neste último ano, quando retoma o trabalho público de tradução poética, recriando os poemas de Dante que estão na *Vita Nuova* (Rio de Janeiro, Taurus, 1987), que se inicia uma fase de grande maturidade poética de Jorge Wanderley, em que, por um lado, proliferam as traduções de clássicos e modernos e, por outro, registra-se o aparecimento de seus livros de poemas melhor realizados.

De um lado, as traduções de Shakespeare (*Sonetos*, Rio de Janeiro, Civilização Brasileira, 1991), de poetas norte-americanos (*Antologia da Nova Poesia Norte-americana*, Rio de Janeiro, Civilização Brasileira, 1992), de Shakespeare novamente (*O Rei Lear*, Rio de Janeiro, Relume-Dumará, 1992), de poetas ingleses modernos (*22 Ingleses Modernos*, Rio de Janeiro, Civilização Brasileira, 1993), de Borges (*Borges Poeta*, Rio de Janeiro, Leviatã, 1993), de Lawrence Durrell (*Poemas de Lawrence Durrell*, Rio de Janeiro, Topbooks, 1995) e, por fim, de Dante mais uma vez (*Lírica de Dante Alighieri*, Rio de Janeiro, Topbooks, 1996).

De outro lado, e quase como uma conseqüência de todo esse labor de tradução, os livros de poemas: *Homenagem. Dez Sonetos* (Rio de Janeiro, Eduerj, 1992) e *Manias de Agora* (Rio de Janeiro, Topbooks, 1994). O primeiro, mais uma homenagem à própria forma poética do que aos temas que se homenageia, foi incluído no segundo, depois de sua edição autônoma em 1992.

Desta maneira, os dois livros podem ser lidos como um único livro, articulados por uma poética que, ao não recusar aqueles vínculos que caracterizavam os livros anteriores, busca acentuar um distanciamento maior em relação àqueles mesmos vínculos, o que permite ao poeta uma tonalidade mais crítica, em que a expressão pessoal é mantida sob o controle da sabedoria artesanal e de uma quase melancólica consciência da destinação poética. O que está tanto na "Homenagem a Freud", pela lembrança do verso temido (*"Algum destino trágico me espera")*, quanto na "Homenagem a Manuel Bandeira", aqui ainda mais explícita e que vale a pena ler:

Sitia minha dócil fortaleza
Esta vontade de te relembrar.
Coisa fugaz: dezenas de espertezas
Correm a mim no afã de refrear

O que pareça com as recaídas
De um falso lírico que eu sei guardar.
Nele mora o pior das já vencidas
Manias de dizer de par em par,

De escancarar portas e bocas numa
Vaga esperança já sem esperanças.
Ah, fortaleza dócil, que nenhuma

Rude invasão retorne por vingança.
Mas lembro e esta lembrança desarruma
Defesa esperta, equívoca mudança.

Na verdade, um traço marcante de *Manias de Agora* é a persistência com que a presença do poeta é compartilhada, nos próprios poemas, com aquela, cada vez mais insinuante, do leitor de poesia que, como se viu pela extensa relação de suas atividades, afiava o seu instrumento pela tradução.

Entre o poeta confiante da tradição lírica de livros anteriores e este de agora, com suas "manias", instalava-se e ganhava espaço cada vez maior a necessidade de dar expressão ao leitor voraz de poesia que, por sua vez, não se desfazia, por isso mesmo, da consciência crítica. É o acoplamento amadurecido do leitor de toda uma enorme tradição lírica ao poeta que até então se debatera por entre as perigosas urgências da expressão pessoal pautadas por aquela mesma tradição.

Completava-se um ciclo fundamental: o do poeta, do leitor crítico (de que é exemplo o livro de prosa *Arquivo/Ensaio*, publicado pela Edusp também em 1994) e do tradutor, aqui, em *Manias de Agora*, encapsulados na unidade que é o poema. Sirva de exemplo o soneto (disfarçado) "Uma Vida":

O prêmio concedido – com fissura.
O bem já por chegar – mas chega tarde.

A sombra do imperfeito em cada altura
– Onde menos se dê do que se guarde.
Algo por dentro que contém vazios.
A plenitude eternamente à frente,
O adiamento, o quase, o por-um-fio,
Sem direito a nenhum ranger de dentes,
Que derrota não houve; foi apenas
Fruto imperfeito, sim, mas de uma árvore,
Peixe rude, mas vindo em boas águas.
Não há queixa possível, falta pena
Bastante para o verso e para o mármore.
Rói no pétreo silêncio a tua mágoa.

É este ajuste com as fragmentações, esta sobranceira consideração de um trabalho ininterrupto com a linguagem da poesia, seus acertos e frustrações, a retomada de uma dicção distanciada e quase clássica, sem refugar origens e fidelidades, o que vai fazer a força maior do último livro, quase póstumo, de Jorge Wanderley. Na verdade, *O Agente Infiltrado e Outros Poemas* (Rio de Janeiro, Topbooks, 1999) é isto mesmo: o seu título é como que uma definição para aquele movimento que já observei em seus últimos textos na medida em que há uma espécie de "infiltração" na lírica até então cultuada (mais até do que cultivada) pelo poeta e todo o problema para o seu leitor está em saber ler o seu primeiro termo. Para mim, não tenho a menor hesitação em afirmar que aquele "agente" do título é, sobretudo, um elemento pertencente àquela outra tradição lírica – a dos "ofídicos" em oposição à dos "órficos", conforme a própria oposição elaborada por Jorge Wanderley no primeiro ensaio do livro de prosa de 1994, já referido –, estabelecendo-se, deste modo, uma tensão estrutural de grande beleza em alguns dos poemas da obra. Porque, acentue-se, não há, nos melhores exemplos, a dominação de um ou de outro, mas sim a complementaridade, dando como resultado aquela ambigüidade significativa fundamental para a permanência e sobrevida da própria lírica. É claro que o "agente" pode ser também o leitor: uma "infiltração" básica para o movimento poético e, por isso mesmo, a frase que intitula a primeira parte do livro – "você talvez seja um" – sugere a desconfiança. Mas, em numerosos poemas deste livro, a desconfiança é mais ampla do que aquela em relação a seu leitor possível: ela mina os valores tradicionais da lírica e faz de seu "agente" maior o poeta, um parceiro entre esperançoso e desesperado. Um "agente infiltrado", ele mesmo, roendo "no pétreo silêncio a sua mágoa", como está dito no último verso do poema "Uma Vida" antes citado. Mas a poética que se expressa no poema "Orelha", o último deste livro, diz, de forma abrangente, acerca daquela tensão: por entre o orfismo dominante se insinua, traiçoeiro mas bem-vindo, o ofídico.

Estava completo o poeta. Tão completo (e ainda batalhando na *Comédia* de Dante, cujo "Inferno" terminara de traduzir) que Jorge, o companheiro generoso e onipresente, se foi para sempre, sem sequer avisar a um amigo de quase cinqüenta anos, ao qual não resta senão o pobre tributo desta homenagem em tom de réquiem. Um enorme, enorme vazio.

GESTA E OUTROS POEMAS

1960

GESTA

...este filho estava morto e reviveu;
tinha-se perdido e foi encontrado.
E começaram a banquetear-se.

LUCAS, 15

Chegado, pressinto em vós
que não nos separaremos.
Trazei-me vossa comida
e comendo conversemos.

A minha fome de mundos
de há muito já se acabou.
Da cidade lembro apenas
como a história começou.

Entrei pelo portão sul
vestindo espanto, apreensões,
a mão ferrada à carteira:
dizem que havia ladrões.

Meu coração se acendia,
eu esperava surpresas:
comida serviram fria,
paisagem me deram pouca.

Não vos conto que este dia
deu-me a primeira notícia
da diferença entre os fatos
e uma aventura fictícia.

Eu que sabia a cidade
em seus mínimos bocados
e vestia roupa nova
e tinha arreios de prata,

fui das pedras ignorado:
meu silêncio de oferenda
não falou do amor que eu tinha
por essa terra de lenda.

Era bem outra essa gente,
diferente da que eu via
em meu sonho permanente.
Ninguém olhava o azul

lavando as casas cansadas
e as mulheres na janela
olhavam cegas, silentes,
(como quem pede) as estradas.

Talvez lembrassem daquilo
que a gente aprende no campo:
– árvore, boi, passarinho,
aprendizado tranqüilo.

Mas este era o meu pedido
(eu precisava do novo)
e aumentei com mais pegadas
minha distância de casa.

O meu gesto não traía
a renascença de mim.
Montanha de coisa alguma,
assim como nasce o povo,

vegetal de acaso e pó,
uma festa em mim crescia,
a de estar só.
Mas eu fui livre entre grades:

pensei em todos no meu
caminhar pela cidade.
Em quanto desconheciam
na verdade o mel dos dias.

Revi a diária faina,
vã serventia do braço
que agora eu distribuía
num leque de outros serviços.

Meu corpo redescoberto
e sua nova política,
o bar chamando ao aberto
amor do vinho, tomavam

meu pensamento na mão.
Por uma noite somente
eu revi a velha casa,
senti o tempo deitando

no meu vazio colchão.
A resposta à vã pergunta,
esta mesa não sabia:
toda a família está junta

com uma cadeira vazia?
A minha ausência crescia
em torno da mesa posta:
eu vi durante a colheita

o braço do irmão crescendo,
o olhar com que o pai aceita
a amarga ausência de um vulto.
A safra tomava peso

e tomava peso o culto
desta saudade escondida.
A pergunta repetida
quando a família se deita,

o silêncio que aterrissa
sobre casas e quintais,
imagino sobre todos
menos um, que não é mais.

Mas o dia recupera
em grito cor e despesa
a noite aflita anterior:
cada dia a gesta nova

curava o raro remorso.
Por isto levo o relato
ao ponto branco de seu
calendário viajor:

falo de amor, eu, na audácia
que da viagem me restou.
Falo do amor que me veio
e pergunto se era mesmo,

e se não, por que ficou.
Minhas perguntas eu amo,
perguntas são minha terra
que eu trabalho com o escopo

da curva interrogação;
trago comigo esta gema,
esta pergunta inquieta
que embala minha incerteza:

vós sois tantos, meus irmãos,
talvez me digais agora
– quem sabe amor nesta mesa?
Estranho o quanto mudei:

fiquei velho ao ver Teresa.
Teresa ia ao terraço
declarar sua tristeza
e nascia de seus braços

a manhã, clara surpresa.
Um dia despertou triste,
ferida de um mal primário
e me dizia culpado

de ter esquecido o alpiste
que sempre dava aos canários.
Não vos conto de Teresa
passeando nos quintais

nem de como ficou linda
esta viagem que eu via
antônima do que eu quis.
Não vos conto de Teresa

e a pergunta recoloco:
quem de tantos que aqui estais
conheceis na minha história
algo que assente ajustado

aos cantos de amor que eu sei?
Talvez meu verbo ficasse
entranhado nos cabelos
de Teresa, de Teresa...

Talvez ficasse de vez
nesta porção de aventura
que eu trouxe comigo, mansa
e sossegada gravura.

E enfim a volta se fez.
Vi de longe o olho do pai
comendo o fruto do susto:
seria de acaso o vento

quem agitara o arbusto?
Seria animal do mato
que levantara a poeira?
Seria o sal da saudade

que salgava assim a boca,
ou seria o coração
mastigando contra a têmpora
a mensagem: "ele vem"?

Vi tremer do irmão o braço,
vi o trabalho parando,
vi que o frio já galgava
a curva de vossa espinha.

Suspeita que bem tivestes:
cansado, perdido e pobre,
eu vinha.
E aqui estamos na mesa,

não vos falta senão que eu
vos diga do que em mim foi.
Não falemos da poeira
que trago entranhada ao pé,

que falar de coisas tristes
tristeza é.
Não direi que me comeu
por tanto tempo um sensível

animal que conhecia
meus segredos e meu medo.
Não direi, pai, deste rosto
que eu revia aposto à noite

nem que esta mão tão madura
que as coisas da casa rege,
só esta em verdade é minha,
de mim mesmo me protege.

Trazei carne, vinho, pão,
deixai que eu coma na mesa
servido por vossa mão
do bem de vossa justeza.

TRÊS CANÇÕES

I

OUVE
com a lâmpada, cúmplice
muda.

Ouve
com as palmas sobre a mesa
desnuda.

Ouve
que neste ouvir de coisas encobertas,
cabe

o que a palavra não desperta
e a boca não sabe.

II

VÊ
como ilhas no campo, o seu
gado.

Vê
o cão a seus pés e o
cajado.

Vê
no verde quase seco a sua
cela,
porque ele como os outros continua
amando a terra e naufragando nela.

III

QUEM
guarda as fontes do meu
mal?

Quem
me deslinda como a um
jornal?

Quem
entre paredes de desejo mudo
trama

o meu desespero, e contudo
incontida, me ama?

ANTEPOEMA

No mais oculto
do claro seio
corre, tumulto,
o veio.

O ouro inculto
no meu passeio:
– poema, culto
do alheio.

Mas o meu vulto
vai de estremeio;
sou eu que exulto,
semeio,

e eis que resulto
amor, anseio
de dar o adulto
retoque ao feio:

poema – insulto
feito centeio.

SONETO INGLÊS

Para Márcia

Esta gratuidade de acidente
em vez de pôr amargo o amor surgido
faz bem mais grata a mão que no vivido
impõe o novo e grava cor recente.
Seja de pouco verbo revestido
este ocaso de um tempo em que a semente
nem dava conta do que tinha assente
e já proposto e feito e decidido.
Saio do branco inútil para o grito,
saio do tempo imóvel para o dia
e este portal solene me confia
que em sal de ausências nutre-se o infinito:

pois foi gratuita como todas são
esta foram de amar e dar a mão.

ADIAMENTOS

1974

VIAGEM: O BAR AMARELO

A glória de outros montes hoje está
pousada como pomba em edifícios.
A flauta de antigos pastores
sobre cavalos roda seus ofícios.

Estátuas há, de espadas, de clamores
e de um maestro cravado à partitura:
congelado no pensamento de um acorde
não ouve o grito dos marechais.

A solidão é amarela, neste bar
de amarelas cadeiras já vencidas.
Os inumeráveis movimentos circundantes
são menores que a memória.

Os homens todos ficaram velhos,
todas as mulheres distantes.
Nesta vitrine não toques, não há vida
por trás do vidro; há apenas colocações, como nos retratos.

Pobre tosse sofremos nestes ermos
contra o vidro fiel, guardião das cenas.
Ficou noutras planuras numa ode
onde as palavras ainda são pequenas.

Pobre ouvido aplicamos
contra bocas de rocha.
Pobres papéis nos garantem o peito
contra a prisão e as manias do vento.

Não quero esta cidade
onde as gravatas dos velhos são atadas por sobrinhas
e os velhos se eternizam com seus cães
e vão à praia ouvir chegar o tempo.

Não quero, pois o tempo não virá
na barca obrigatória que perdeu.
A morte e o tempo, quero tropicais
numa cidade azul que o sol severo

obriga a ser severa:
uma cidade onde o canto se escute
persistente entre penedos, mas onde os deuses
desapareçam, como os homens,
jovens.

DE UM TÍTULO DE JOSÉ DONOSO

Sempre te quis louvar, obsceno pássaro da noite,
e à tua negra juventude entre colinas
e a teu passeio breve na planura
e às curvas calmas em que te reclinas.

Quando soberbo estás, que me reclamas
sem nada reclamar?
Como posso na peleja, contra as asas
que te repousas, me desencantar?

Sempre te quis louvar
saído das vielas mais escuras
para pousar no colo das meninas;
sempre te quis e ao teu passado grego

louvar como quem morre, quem se entrega
numa palavra última de si
e de quanto viveu à tua sombra,
pássaro quase morcego

parando numa concha que não provas.
Certeza rigorosa, teu triângulo
se corta entre lençóis que te amenizam
e estás dormindo em tua fúria antiga.

Sempre te quis louvar, inalterado,
em teu silêncio que pousaste quente
mas palpitante, silêncio de quem
pesou todo o cantar e se consente

à pausa consagrado, sem revoltas,
veludo sobre o trono.
Sempre te quis louvar, pássaro obsceno,
sensível pássaro que vem das chamas.

IRREGULARES, A MEU GOSTO

Se eu sair desta natureza que não vejo,
se ainda mais lamentar este canavial que não entendo,
se esquecer Pessoa, Lisboa e tudo e Tejo
e já não admitir o gume a que me rendo

e se não mais souber que o puro desfastio
é que me mantém vivo ouvindo o que me digo
e não falar dos frutos mesmo sem plantio
e não comprar tão cara a dor que me persigo,

é que já vou somando à cifra dos que morrem
na plácida inocência de imagens vencidas
e devo socorrê-los quanto me socorrem
sorvendo em minhas vidas sua vida.

PRIVILÉGIOS

Ah, maravilhosa criatura marcada na testa
por uma gota de sangue ou uma gema indiana
– é o que dizem.

Não sabem que apontam lanças de metal severo
e meu corpo já marcaram com setas católicas
que me cravam à árvore.

Não sabem que minha condenação estará pronta,
que terei escrito para o meu endereço a palavra morte
e que ela viajará repousada sobre o meu próprio sinete.

ENTARDECER. RECIFE, DOMINGO

Varandas, já sem as redes.
Quintais que se encurtam.
Um adiamento de ilusória luz
enquanto a nuvem ronda, ruminando carnes recentes.

E pouco mais: o denso, discutível
benefício de visgo do mormaço
que pelo campo tímido colheu
as últimas inocências.

Na aposentadoria das pensões
onde não chegam notícias, jornais,
o último sol penetra uma janela
para logo ser varrido:

há que manter a sombra muito limpa.
Nenhum sinal de violência nas ruas
e as ruas em sossego pedem frio
ao vento surdo.

As pontes descobrem
que sempre estiveram deitadas.
Que separam margens antigamente chamadas de ilhas
como quem desaparta uma briga.

O mar está longe, a noite vai comê-lo
e estrelas irônicas piscarão à sua memória
e à memória do dia que deslizou ladeira
para morrer cravado entre edifícios.

ESPELHO

Se, meninos, vossa compleição ainda
recorda o leite, mas
se há também em vós aquele recuo que precede
a formação da vaga enquanto um silêncio
de condenados se faz no mundo

e se havendo já uma sensação de perda
que até recorda martírios e leões,
legiões inteiras de conformados,
há também
o ruído da ameaça, o início do lento
movimento da árvore se despenhando sobre
rastejantes vegetais que a cortejavam,
resulta esta dupla face ante o mesmo espelho:
uma
que vem sulcada e do alto de suas cicatrizes
sorri benevolente,
outra
que da extremada maciez e ausência de sinais
identificadores sorri também.

E a culpa cabe apenas
a este equivocado objeto
que não reflete nada mas sabe o futuro e o passado
e a quem procura um deles
sempre oferece o outro.

UM RIO. RECIFE

Nada se sabe do que me revolve
as águas que disfarço das margens
para não perturbar simetrias,
casinholas,
pequenos barcos falecidos na lama
          (principalmente um
             – verde –
          meio adernado
          perdida sua alma de barco:
          os ratos não precisaram abandoná-lo,
          morreu atolado como um trator,
          morreu sem a salvação dos mistérios das águas).

Vou comportado em destinos cartográficos,
previsto em duas marés alternadas,
uma régua fluida que mede o tempo:
          mas vejo.

Sei coisas que não direi (como um pomar de braços
que poderia galgar até mulheres nuas).
Sei coisas rudes e miseráveis
resumidas num caranguejo dentro de uma lata
ou gritantes como o corpo que é navio
de ratos, de pequenos insetos.
Não direi.
Mas sei.

Custa caro me devorar a mim mesmo
e ser sempre passado.

Minha permanência é uma proposiçao insolúvel
mas ao mesmo tempo, cinturão do mundo,
conheço todos os ossos e todas as dores,
incorporo todas as pontes:
esqueço mas não esqueço.
Foi a partir de minhas águas
que descobriram: a memória
é algo destinado à diluição ou à revolta.

PENEDIA

Cada palavra é um último passo antes do mar
embora o adiamento deste salto
ainda me deixe a cor morar nos lábios,
impeça que meus ossos
          (como o sal)
imaculadamente brancos se desfaçam
de seus invólucros. Ainda um pouco a doçura.
O lábio ainda não azul.
Não morrerei no mar nem nas alturas.
De ouvir me igualo a todos
e tão partido me divido em tantos
que morro muitas mortes perfilhadas.
Em meus cuidados deixo a vida toda
à cuidadosa transação da boda:
          casei com meus anéis
          casei com meu futuro.
Imóvel sobre a pedra
me continuo na pedra, que nasce de meus pés
e se deixa beijar por ondas genuflexas.
A pedra generosa e única,
          isolada e inicial

          foi feita à minha imagem e semelhança
para gáudio de meu antípoda
e glória do meu contrário.

RESUMO

Clara manhã cheia de adornos, a rotinas
dedicada e a uma lembrança antiga
de ultrapassados amores.
Clara manhã de verso obrigatório,
da frase linear de dois jornais
e de um café ameaçado pelo tempo:
passam depressa os domingos.

Passam depressa os castigos, também.
No fim, sobrevivemos aos pedaços,
o rastro da ferida, como a boca
aberto aos ventos, triturando frutos
sangrados sobre a argila que esquecemos.
Tudo nos marca os passos, mas são tantos,
assim vermelhos, tão igual a história,
que mal reconhecemos nossa vinda.

Passamos por aqui, o sangue o diz.
Porém passaram outros, mesma cor
na estrada de papoulas espelhada;
tantos sangraram que esta glória absurda
não nos distingue na manhã casual:
não é senão cantar o mal comum.

Palavras na manhã se dissolveram
ante poderes maiores e sonhamos
o sono do silêncio na algazarra
que está nas blusas onde escrito, AMOR
reveste o peito ainda adolescente:

– uma armadura contra o vento forte
que é traiçoeira, chama a tempestade.

Um velho vê os velhos seus iguais
nesta manhã de notícias inúteis.
Está num banco rico em pedrarias
diante deste mar e solitário.
As ondas que o visitam já se atrelam
ao carro que o convida à espuma, ao longe.
O que ele vê não lhe está nas pupilas,
já não é hora de pensar mais nada.

Um tempo se passou, que o chão recebe
marcado de outras mortes e degraus
estreitos sempre mais e deslizantes.
                Como acontece a dramas coletivos
                uma barcaça passa longa e alheia
                à cor do sangue que transforma a areia.

ELEGIA PRÉVIA

Consideradas essas aventuras
contadas por manhãs, depois do sono;
considerado este país onde se palpam
melhor os intervalos que os objetos;
considerando o mar desses cavalos
à noite soltos e somente vivos
se os passos que refletem são de vidro,
tudo considerando, a mão se fecha
e crispa e crava a garra no futuro
da alma incendiada que persiste
e embora consumida vai às ruas
insolúvel como os peixes destinados
à morte que navegam sem cuidado.

Um dia amanhecemos resumidos
ou condenados a um ritmo.
Algo na pele doura o que vestimos
e os pêndulos do mar sonhamos verdes.
Costuma-se dizer que foi o tempo
com sua costura assassina, tecendo.
Pobre malha pagã, deuses menores
é que respondem por esta manhã.

Nesta em que descobrimos, hora tardia,
todo o trajeto inútil, nos voltamos
para o que foi provisório e nada disse.
O canto que se escuta soa estranho,
madeiras e metais sangram feridos
por flautas sibilinas e mulheres;

pobre sonata de mármore que ouvíamos!
O rumo que seguimos era escada
e agora vemos que não leva a pássaros.

Mas algo como as plantas no lajedo
ou como as lajes mesmas, seculares,
te louva os pés e a sombra, ainda;
serão tão simples estes emissários
por toda a vida? Acaso uma notícia
do repetido adiamento não virá
um dia em carruagens mais aladas?
Agora o desejáramos e é tarde,
agora incorformados já sorrimos
despedaçados como o próprio espelho:
não mais sonhamos e o antigo desejo
nos abandona os ossos, ilumina
aquelas que deixamos, nuvens condenadas
ao éter e a vagar, como nós mesmos.

Aqui na minha altura te recebo
e as ordens cumpro, de silenciar.
Não será por minhas palavras siderais
que o teu olhar deposites na pedra.
Daqui se vê o mar, esta mensagem
que nem agora decifras, já tão alta,
o mar, este segredo da volta.
Nota que ele se adorna e se disfarça
e faz como quem vem procurar palmas
ao pé da praia, verdes coniventes.
Nota o colar, as rendas e a espuma
sonhando embarcações e primitivas
alvíssaras que acordam pescadores.

Nesta visão transitória repousa,
descansa aos meus pés e a plenitude
imagina delicada e um pouco trêmula;
mais tarde o verdadeiro mar verás:
o mar que não sonhara coisa alguma
além do sonho mínimo da vaga.

Tudo considerado e posto, pois, recebo
no meu melhor silêncio a tua vinda.
O pátio deste templo também dita
ordens de vida e plantas e crianças,
crava a bandeira do domingo nas manhãs.
Nada revelará do que já sei
à inocência que trazes, tão igual
àquela com que vim, num século vencido
e sobre a mesma pedra repousei.
A mão se crispa e dizes que é mais uma
daquelas rosas noturnas e tardias
guardando sua luz de amor lunar.
Assim seja. Mais adiante te espero
no país da chegada, onde nos perderemos
talvez por outras palavras,
para que os círculos menores continuem
seu mister progressivo e nos alcancem.
Seremos então numerosos
e como o vento vagaremos, sem eternidade e sem origem.

OS ITENS

1. O sol esbofeteia o rosto branco das casas
mas uma sombra moderníssima
protege o teto da igreja, que ainda dorme.
Ah, frades favorecidos que tomam café à sombra
enquanto os homens do mercado
recobrem seus peixes com vegetais molhados.

2. Vou à janela para ver o dia
que me visita correto.
Traz o calor, num envelope de plástico
que deixa em meu colo, como quem diz
– Resolva...

3. Belo dia de sol, que detesto,
antigo dia de sol e de praia
e de estar bem, obrigatoriamente:
saudades de ontem, que choveu cinzento, fez frio,
tudo me deu, nada exigiu...

4. Não há nenhum tempo para ler poesia
e menos ainda para romances volumosos.
Ainda assim, fósseis antecipados,
escrevemos poemas insolúveis, livros não vendáveis,
e nosso nome imaginamos numa estátua
que um dia estará totalmente enegrecida
pela tarefa dos passarinhos
que não podem voar carregados
de tanto peso.

5. Mas um novo dia aí está,
aí os novos passarinhos,
que já começam a cantar, nos ramos finos:
não pensam estátuas, mas nós pensamos neles
e hoje, por tédio ou vingança prévia, dirijo
uma sonora cusparada a seus nomes angélicos.

6. Descido de minha divindade, vejo a mesa
coberta de livros.
Poderiam ser uvas e vinhos
ou a boca aberta e pasma de um leitão dormido.
Soberbo, manipulo meus papéis,
humano, penso passas e manjares.
Pobre corpo habitado e dividido
por tantos inquilinos.

CINEMA MUDO

Todo o tempo me pesa ao corpo usado.
Trago o passado, malha mais perfeita
para as melhores cadeiras.
Mas sou contemplado

por olhos de assassino: a brincadeira
que mais diverte este menino armado
é me apontar a luz de uma espingarda acesa
a mim, que fui de pólvora moldado.

Por essas e por outras, vou cansado.
Usei palavras de tanta leveza
e nada adiantou: volto à primeira
e costumeira estação.
O trem?
Parado.

VIRGÍNIA WOOLF

Nessa manhã com chuva, assim favorecida
de curvos tons cinzentos e de folhas,
ouve diálogos comportados e contidos
entre formas inimigas
como a sentença e a escolha
achados e perdidos
o teto e a viga.

É uma manhã de março, quase anoitecida,
estreitando o parentesco dos extremos:
algumas semelhanças refletidas
fabricam lagos mansos, continuam
o remo na mentira de outros remos.
Uma tarde cinzenta; uma medida
para alguns séculos que lhe devemos.

Pelas águas expectantes, a suicida
passeia flores úmidas, sabendo
palavras de começo e despedida.
Tem o nariz de damas infelizes.
Tem um vestido longo, dedicado
à vida curta de que vai vestida;
pensa menos o verso que os deslizes.

Ou nada pensa.
Antes escuta, súdita contrita,
um canto que excluíra, recompensa
que agora aceita, reino definido.
Talvez morrendo à mesma imagem, se repita
o roteiro de Ofélia, a mesma sentença.
O rio sonha morder a gaze do vestido.

PAISAGEM NOTURNA

Hoje não posso dormir
porque os passarinhos fazem voltas em torno da minha cabeça
e quando procuro o travesseiro
aumentam sua algazarra de protesto.

Sentado na cama, verifico
que lhes sobra mais espaço para as asas
e o vôo se torna largo,
oceânico;
e ficam menos numerosos.

Na realidade vejo que diminuem muito
até que agora somente um
(plano e branco)
percorre majestoso um céu sem nuvens
e já não tem pressa, nem canta.

Seu nome é Silêncio, tem compasso lento,
e seu corpo tende para o infinito dos mares;
é ele quem leva a palavra à linha distante,
a palavra que não dirá como quem ordena
ou como quem pede.

Depositará, apenas, quando chegado
à raiz do tempo, no joelho do horizonte,
seu minúsculo verso:

"amanheça".

LEAR

Meu receio é nenhum e é imenso,
nenhum reino doei às minhas filhas
nem reino tive
e não teria filhas se reinasse:
teria vinhos ácidos na mesa
e um cão feroz que um dia me matasse
para galgar a minha realeza.

À POESIA ESCRITA POR MULHERES

Tua delicadeza feita de garras
serve suaves lianas que envolvem
o corpo, o pensamento e seus sepulcros
num abraço de cisne e de serpente.

Consideras com cuidado a carne: é tenra,
pensas, é tenra, dizes delicada
e acrescentas que tem a soberbia dos deuses
e veste a inocência da lã;

é tenra, dizes, enquanto as mãos
passeias de enfermeira pela pele
e os dentes entremostras, aguçados,
naquilo que entenderei como um sorriso

– desses que são a última lembrança antes do sono,
o primeiro calor após se ajeitarem as cobertas,
a mão deslizada pela testa
antes de me cravares a dor aguda e luminosa da morte.

MÁXIMAS INSOLÚVEIS

O corpo é numeroso,
a voz também.
Ainda assim, uma vida
resulta pequena.

Uma única árvore
desfolhada no campo:
os pardais se disputam
um galho quebradiço.

Uma única forca
no deserto do tempo:
mas todos os homens procuram
esta gravata.

Todos continuam, tenazes,
fazendo filhos.
Todas as formigas recomeçam
até o inverno seguinte.

A vida resulta pequena
como os destinos dos barcos:
– o mar, que devora para o silêncio,
ou os esqueletos na praia.

O remo e a sombra do remo:
um para o outro vive.
Quem vive mais?
Não sabemos

e nem saber desejamos.
Sou real nos meus espelhos
sou palpável nos meus fumos:
também por isto resulta

toda uma vida
pequena.
Algo, em algum lugar,
vale ou não vale a pena.

RECEITAS

Retorne ao campo, de onde você veio
trazendo na cintura o aroma de plantas
selvagens e por isso mesmo dóceis;
há um excesso de metais nestas avenidas,

nesta cidade onde não se imagina o orvalho
e os dias não amanhecem: recomeçam.
É verdade que algumas cores foram preservadas
mas objetos esdrúxulos as transportam

de nada para nada. Com o tempo
você vê tudo em branco e preto
como nos pesadelos

como na memória da sua vida adulta
já despida dos amarelos antigos
de quando você e o tempo, amantes, se ignoravam.

ENSINANDO A NÃO NADAR

Tome o tempo nas mãos,
este
    pássaro molhado,
esta
    vela que vacila e promete
e
    espere,
o que é apenas deixá-lo em paz.

        Não se pode garantir que algo se escute
        ou venha de onde não havia, o bem, uma palavra,
        mas
        há-de alguma coisa acontecer de estranho
    como
        ficarem os rios a ver correrem as margens,
        chegar ao fim o azul que nuvens inertes contemplam,
        beijar teu nome um ferimento que temias.

(Única recomendação, o cuidado
para não sufocá-lo,
não deixar que escape
e de uma ou outra maneira ilumine os campos da noite.)

AQUI, NO FIM

Desceu de altares que ninguém visita
                    há muitos anos, a noite.
Veio vestida do silêncio alheio
banhar teu pobre peito machucado,
a antiga fonte que julgavas morta.

Pois te descobres viva, logo escutas
                    os séculos, passando.
No teu aturdimento estremeces
além do tempo e dos segredos do musgo.
Tua memória já é uma casa que recusas.

Não te repousa o ver teu sangue
dar a todos os objetos uma alma que não tinham?
Nem saber que só um áspero passado
te traria até este lugar
                    onde a aspereza perde seus cavalos?

(A OITAVA SENTENÇA

Que paraíso amável me custou
falar do paraíso.
            Que amores descarnei, para falar
de quanto amava e não era preciso.

Nem tanto às mãos me entregasse
e aos olhos me desse...
            Sagrados interiores desvendei
que a luz do mundo empobrece.

Mas mesmo assim, um vegetal na pedra,
cercado de um futuro rude,
            minha sentença verde expedi
à sombra circundante, quanto pude.

Ai, poucos pássaros foram fiéis...
Que laje me perdoa?
            Acaso sabe o morto de seu mal?
As mortes que me encontro, encontro boas...

Curta viagem, ferida
num raio, de outros raios desgarrado:
            a única certeza foi a brida
ferindo a boca do cavalo errado.)

COISAS DE TESTAMENTO

Não façam
    nenhuma cerimônia em que gravatas
    apertem mais o pescoço dos vivos,
    já suficientemente comprimido por dívidas
    e pelos mortos da família e distonias;

    nada que obrigue a terra a involuntariamente
    receber meu corpo remido e que nada
    teve em vida a ver com ela (exceto
    por alguns episódios de jardinagem
    e a compreensão de uns poemas campestres).

Não pensem
    nenhuma imagem que me invoque o humor
    embora este bálsamo tenha retardado
    minha descida aos porões.
    Não devo sorrir a memória alguma.

    Muito menos recordem minhas intolerâncias
    e o caminho negro que às vezes tomei
    e me afastava do pomar das palavras, me levando
    para o ácido sombrio que bebi
    mais freqüentemente do que se imaginou.

Não busquem
explicação para determinados poemas
que acaso terei deixado entre livros alheios
e anemiados apagaram tudo
o que os donos da matéria haviam feito:
há inegáveis contaminações em certas contigüidades
e uma palavra enferma epidemiza uma página inteira.

Não vejam
qualquer sinal premonitório nos meus últimos dias:
esta adivinhação é mais antiga do que a vida
e foi minha vizinha – conjugalmente –
por todo o tempo.
Para a morte
caminhei sempre sem tréguas, sem esquecimento.

O sal de meus ossos não será próprio
para iluminar canteiros.

O AR EM TORNO

A Ariano Suassuna

O salário da cascavel se faz de sol
e de outros animais e de alguns silvos:
guardado em parte alguma
acumulado em bolsa biliosa
        explode todo em morte bailarina
        um dia.

Está novamente pobre, depois de morta,
como quando nasceu.
Já não tem caráter nem guizos,
nada mais sabe: é como um seixo
        e guarda com as lianas o parentesco do verde
        que tinha nas entranhas e agora deita à areia.

É o que a circunda, que ainda respira.
Há algum hálito na boca morta,
um movimento na maxila em férias:
ficamos longe.
        Talvez tenha sido sempre assim.
        Ela é um nome. Nomes não morrem.

O OLHAR EM TORNO

1. A seção áurea dos livros,
da janela,
de duas portas,
da caixa de fósforos, da embalagem
eficientíssima dos cigarros.
Certas linguagens:
"precisas voltar a mim"
"as melhores páginas não me viste"
"deixa-me de vez que te mato aos poucos"
"incendeio crianças – não auroras".

2. A "fina ponta do prazer", que não se gasta,
e se fabrica aos milheiros
e dura a vida inteira
não sabe, quando escreve a palavra
vergôntea
que embora mínimo, o peso dos pássaros caídos
há de tingir de sangue o papel.

3. Ai, manhã desocupada,
quanto me podes, que não te posso,
quanto te espero, que não te faço,
quanto te quis e não comemoro.

4. A limpeza do soalho é perfeita,
não se nota o luar que dormiu neste retângulo
sem deixar dobras, como em lençóis.

5. As paredes, não.
Estão garatujadas pelas crianças
que assim dão seu primeiro passo científico
para um dia derrubá-las com um olhar, apenas.

6. Ainda não voltaram do colégio
onde aprendem a escrever, às custas
de uma perda maior;
voltarão ruidosas
clamando pelo almoço rotineiro:
mas para elas é como se voltassem de viagem.
Nunca viram o que vêem todo dia.
Ainda lhes resta algum tempo.

OUTROS ELOGIOS

Principalmente, falar cada vez mais baixo,
até que apenas entendam o movimento
dos meus lábios mágicos

e certas palavras
          – mais curtas –
leiam na minha pupila.

PARA AMANHÃ

A Ricardo Oliveira
que tem o mar à direita.

Nem sempre é o vento que abre estas janelas
E agita vegetais já resignados.
Às vezes, noite-a-dentro, um ser antigo
Surgido de outros montes lança um dado
Acaso tumultuário entre cortinas:
Espírito de amargas caravelas,
Sabor de sangue ao fôlego tomado,
Chega (nem sempre o vento) e busca abrigo
Na sala, pelos móveis, lado a lado
Com rosas e camélias meninas.

Nem sempre a noite cobre estas montanhas,
Deita olhos negros, densos, no jardim.
Às vezes, entre plantas e canteiros
Dança uma névoa de flores carpida
E noivas anuncia do infinito:
Esta promessa raro se acompanha
De fatos como abelhas e jasmins.
Cobre (nem sempre a noite) o tempo inteiro
Uma sofrida mágica, partida
Em ser e não estar, um quase grito.

Nem sempre chega até meu nome a arte
Para me converter no aturdimento.
Às vezes chega apenas a certeza
Mas com vazias malas, enganada,
Um pássaro empalhado como peito:

Dama sagrada, ainda assim reparte
Migalhas de seu sonho, um rudimento.
Manhãs (nem sempre a arte) da pobreza
Urdidas na rotina palmilhada
Explodem sem ruído e sem proveito.

Ainda assim, nem sempre é de extinção
O canto-orvalho às vezes consumado.
Um globo se imagina todo luz
E, gota dágua, um pássaro impreciso
Pode deixar-lhe acesa a irrealidade:
Dali pode partir um raio à mão
Que serve oculta o bem mais preservado.
Algo (nem sempre o orvalho) assim reduz
O metro de cantares indecisos
Ao casto desencontro da verdade.

INTIMIDADE

Intimidade grave e tão precisa
há muito me amedronta:
ergue em teu nome, serpente indivisa,
tua proeza tonta.

Intimidade assim tão delicada
em fera me afigura.
Sabendo embora o rito da cilada
chamo-lhe doce urdidura.

E o prêmio devoro (ou me devora?).
A malha me esclarece
o corpo que se entende agora
real no que esquece.

Sei por que vou mas vou de passo frio
entre as minhas feridas.
Sou tão íntimo de mim como um rio:
cavalo amando a brida,

profeta que estuda o calendário.
Intimidade rude
sei que me toma: e temerário
abraço-a quanto me ilude,

piso sementes sem que lhes veja
qualquer futuro torto
também extinto e que entre tantos, seja,
eu mesmo
eu mesmo
                    morto.

CHUVA

Vi quando passaste ontem
e não eras senão um longo vestido transparente:
a relva mudava de fisionomia
depois de visitada por teus pés levíssimos.

Eram cinco horas da tarde,
estava o campo verde, visto do alto,
deslizavas como uma fada
    um passe de mágica impossivelmente lento
    um milagre
o que poderia ser para alguns a presença de Deus.

O campo te esperava, oscilante
em pequenas ondas, que transformavas
com passar, em meninos premiados
pelo desmantelo em que deixavas
as juvenis cabeleiras.

Era de um edifício alto que te via
organizada
como não te poderia ter visto se estivesse no solo.
Foi como se te flagrasse nua.

E ante minhas vistas foste embora
sabendo que não mais estavas incógnita
nem velada;
    mas foste lentamente
    sem que te dominasse qualquer vergonha
    ante teu súdito espião,
       rainha despida.

À ESPERA

À noite, ao mar da luz de Aldebarã
servimos sobre a areia nossas almas
cansadas, silenciosas, a um deus
que delas não fez uso nem ouviu
nosso canto final.

Um horizonte de algas nos cercava
e sentíamos nossos limites como os dedos
extremados, últimas folhas na invernia.
Um luar, como esgotado, nos ouvia
a respirar, somente, o ar, as nuvens.

Inumeráveis corpos em fileiras,
à beira do mar estávamos.
A barca não chegou, que nos levasse,
a luz não rebentou, que nos queimasse,
ninguém soube ninguém de Aldebarã.

BÁRDICO

Toca de mão leve o coração da primavera
e vê que a neve se fabrica de tuas invenções de nuvem
e luz no inverno um sol intempestivo só porque
teus dedos como setas apontaram pássaros radiosos.
Mágicas manhãs perdoam a tempestade que deixaste fugir ontem
agora que teus olhos recordam a relva e o campo.

Anoitecerá em poucos olhos se a lanterna estiver pulsando
ao sabor da brisa que respiras e se o vinho do crespúsculo
no rubro das papoulas recortar sua canção
esquecido de sabres
e da marca mais simples da morte – o sangue.

Circulará na seiva dos teus rios, uma
esperança de planura e será claro o futuro das montanhas
e será tenra a fruta que imaginas
para dourar o verde que abandona a vaga sombria
e vem se enternecer ao pé dos vegetais.

Um dia, como se estivesses sempre certo do teu corpo
e do teu coração perecível tornado eterno e sem desgaste,

um dia
como se abrisse a alma os braços que perdera
por vias de infernal monotonia e pálidas promessas,

um dia
poderás fazer como te digo agora, antecedendo tudo,
e tocar de mão leve o coração da primavera,

de onde sai a força que perpetua em palavras os pássaros
e onde a amável memória espera ansiosa
para a um sinal se abrir e desdobrar
no espírito da paz narrado pela boca das flores.

A CASA NAVEGA

1975

NOTÍCIAS LIVRES

Chove um dia de maravilhas interiores
neste jardim que tudo compreende
e onde está fincada a alma das plantas,
apaziguada.
                    Sabe-se que os olhos estão acesos
e o diálogo que interromperam
se continua com a chuva.
Mais do que se pode conhecer,
permanece nos pequenos ramos:
ainda mais soberanamente,
                    que agora lavados.

Quando a chuva parar, outra dança
(irregular, porém perfeita)
vai ressurgir de insetos e zumbidos.

Este é o jornal do jardim de hoje.

NOVOS REMÉDIOS

Antes não doía, mas agora,
vencidas as nostálgicas manias,
agora dói e a cada dor piora
dizer o que de há muito eu já dizia.

Mas sei remédios:
divido com portões, grades, ferrugem,
o que vergasta e é mau-humor ou tédio,
carranca de nuvem.

Daí, vão ficando carregados
de meus poderes, estes servos.
Amo cruel, deixo infiltrados
em sua carne, meus nervos.

Na árvore do meu braço esquerdo
um cadáver de ninho, cercado
da redoma das almas, degredo em vida
de passarinhos incompletos.

No meu braço direito, um fio
se atravessa por mensagens;
ainda sou eu que anuncio
à ramagem.

E tudo me dói, enquanto aprendo
a consumir a quantos me consomem;
                    ainda úmido entendo
que entre outras coisas, um rio passa a homem.

OUTRA MANHÃ DE DOMINGO

Acorda, meu caro amigo, antes que seja tarde.
Os dois cães se acostumaram a dormir na tua cama
e seus sonhos animais alcançam tuas nuvens humanas
e atravessam teu corpo.

O quarto está em desordem crônica,
cada livro se transforma em seu vizinho
e vão se amalgamando
enquanto continuado por eles, tu
dormes em muitas línguas.

Este sono é antiqüíssimo:
já destruiu reinados.
As peças do conforto funcionam em silêncio
como se velassem teu corpo.

Acorda: o sonho foi a campina,
algo que inocenta culpados como a pescaria
do silêncio planejado pelos peixes.
Acorda. Há certas vocações vegetais

que já não podemos negar.
A casa, singrando a grama, escuta:
quer saber de quem comanda.
O mar destes jardins, sempre desperto,

é preciso aprender. Desde os insetos.
Desde os instintos, todos sonolentos

na manhã domingueira onde até os dois cães
preferem negar uma energia que aos saltos

veio dos séculos para dormir num endereço.

Alma de jambos e esqueletos ao sol:

não aí, onde o ruído do tempo ganha formas,
não aí, passadas tontas as horas sem mapa,
mas aqui, no gramado;
onde uma alma algodoada se veste de
/ sangue nos jambos
e mortos no ninho, sem que respirassem nunca,
os filhotes do sanhaçu
não chegaram a morrer, que não nasceram.

Nem seria nascer, que não voaram
nem somaram à linguagem do jardim, a sua.

Alma de jambos e esqueletos ao sol:

a terra, por baixo, negra.
A terra correndo, rio negro, à revelia
de interrupções como a relva.

Alma de jambos e esqueletos ao sol:

A casa, como os jambos, navega, bojuda.
Como os filhotes mortos, respira o dia,

morta.

CORAÇÃO À PARTE

1979

EPITÁFIOS, A ESCOLHER

A ênfase, que herdou de holandeses e cearenses,
combateu sem sucesso.
A ida, que procurou por vias imensas,
deu em regresso.

Foi truculento, odiando a truculência,
ficou sem voz, nas horas de discurso.
Gastou-se em aparência
disfarçando o urso.

Amou seu cão; aliás, teve dois,
mas deste amor, só soube depois.
Por um semestre amou um jardim
e gafanhotos e o jasmim.

Tratou dos seus pares com pensos.
Teve cuidados falsos
de amor imenso.

Sonhou descalço
e andou de botas.
Mudou de vidas como se delas,
calçando rotas.
Viu só de longe umas caravelas.

Viu bem de perto que não chegava.
A corda, curta, partira.
Tantas palavras, mentiras.
Um passadiço: não dava.

E A VERDADE, SOBRE OS EPITÁFIOS, OU EPITÁFIOS (VERSÃO COXIA)

Não, não combateu enfasíssima nenhuma.
Foi provavelmente parlapatão e chato
e está se raspando para o fato.
Não procurou ida nenhuma
e por isto mesmo não saiu do lugar.
Não odiou a truculência, não.
Nem sequer soube dela.
Praticou-a, indiferente,
entre salame e mortadela.
A voz, realmente, lhe faltou, às vezes.
Mas não parece ter feito falta aos outros.
Em aparências, de fato, gastou o que
tinha e o que não tinha.
Até hoje não sabe por quê.
Amou realmente aos seus dois
cachorros vira-latas e uma outra cadelinha
que surgiu em sua vida depois daquele poema terminado.
Pares, pensos, cuidados falsos, está tudo certo.
Jardim, gafanhotos e jasmim, também.
É tudo verdade.
Sonhar, não sonhou.
Nada de botas, rotas e caravelas.
As palavras eram mesmo mentiras.
Viveu uma vida muito da besta
e deve ter morrido pouco depois de escrever estas coisas.

O NOME DISSO É ÓDIO

O restaurante, de frente para a baía de Guanabara
é luxuoso e ruim.
Na mesa, na minha frente,
o americano e seu assessor nativo.

O americano alto de óculos, paletó
xadrez, maneiras finas, 60 anos, executivo
de firmas milionárias, não se dirige
ao curumim e olha a baía.

O curumim se rala nas ostras para acertar
a passar manteiga no pão e seu paletó é maior do que ele
e a gravata larga não combina com nada que
se veja num perímetro de dez quilômetros.

Pesa um silêncio intercontinental entre os dois
enquanto de minha nave espacial não consigo compreender
nem me manter superior, como era de esperar de um venusiano de
minha alta catadura; mastigo, isto sim, tijolos de ódio
e nojo no pão.

Vai ver, quem está em alguma nave é o americano, que
devora, apenas,
sem dar por isto,
os fragmentos insípidos do seu pobre assessor brasileiro
e olha a baía.

ORAÇÃO AOS MOÇOS E VELHOS, OU CARDÁPIO DO BAR BRASIL (1977)

Tentem o suicídio
com o gás do isqueiro.
Ou com a cabeça enfiada

no liquidificador.
Ou fazendo a barba
com raiva

ou roendo as unhas
– falsas carótidas –
ou

prendendo a respiração
até o roxo aparecer
por baixo das supracitadas

unhas e nas mucosas e
depois
tentem esquecer tudo

tomando mais este
e este outro.
Eu estarei por perto, procurando ajudar.

TEORIA LITERÁRIA, COM MAIÚSCULAS

Nunca mais na minha vida corrijo um verso.
O mundo foi feito de improviso
mais "leggero" que os de Chopin.
Verso é feito gente, tem cara e
dente ou não ganha nunca
por mais que tente.
Flaubert, que gastava dias numa mísera página
é lido com a mesma rapidez que qualquer outro
e Joyce, que complicou todos os cursos de literatura do mundo,
idem.
Imagine eu, que não tenho nem onde cair morto
e se cair morto nasce um pé de reticências
onde pousar meu coração
com suas coronárias gagas.

O diabo é quem corrige mais verso.
Toda essa coisa inútil de escrever, pode
muito bem ir depressa ou devagar
e ficar polindo, "sur le métier"

(cem vezes, veja só!)
não transforma nada em nada
e o que não foi, não ficará sendo
só por causa da alquimia.

Exemplo:

o gato é algo que mia.
Se não miar não é gato
e não tem o que fazer aqui,
nem vai miar por mais que eu chame ele de gato
e faça
dele gato e sapato.

NEM COMECE

Árvores, todo esse mar e tudo,
tudo bem, tudo mal. Às vezes
me cansa a poesia de jornal
a que me obrigo e com que me rasgo
embora nunca a escreva.
Saudades mortais de um verso sonetáceo
que saiba descer ladeiras e cair no estrondo.
"Árvores, todo esse mar e tudo" lembra um pouco.
(Veja só de onde vem:
Mallarmé/Rien, cette écume.
e
solitude, récif, étoile.
Júlio Salusse (!) /A vida manso lago azul algumas,
todo enjambadinho.
Pessoa/Enfim te vejo, Lisboa e Tejo e tudo.
E notem que estou somente nas fonias.)

As árvores são as daqui da Gávea, encarapinhadas,
o mar é o daqui também, dessas águas geladas que,
assim, prefiro cerveja.

E o círculo interno em que entro conscientemente
e de que não quero sair?

Lamento muito, é melhor o senhor ler outro poema.
Qualquer hora eu volto a levar essa coisa a sério.

EMILY DICKINSON, MORRI PELA BELEZA, ETC., (VERSÃO 1977)

I was here
Me too
So we are friends.
(ponto)

Num banheiro de bar,
no Leblon,
ontem.

QUARTETO COM PIANO

A Feliciano Pinto

Se alguma coisa perdoa essa ponte
Rio-Niterói de tédio e suicídio
é este quarteto de Brahms que vem do rádio
com piano na receita.

A três meses de fazer quarenta anos
verifico que está tudo errado
embora não mais do que sempre esteve.
            Mas o quarteto está certo.

Brahms escondeu-o de si mesmo por dez anos
e por fim o publicou (em Lá, Opus 60),
enquanto continuava amigo de Billroth,
cirurgião que em 1881
fez a primeira gastrectomia.

Músicos podem ser amigos de cirurgiões,
podem ser amigos de pontes,
e amigos/inimigos de si mesmos,
guardescondendo quartetos entre vacilações.

Mas a três meses de fazer quarenta anos
– com tudo errado –
preciso fazer um violento esforço para não dinamitar a ponte
e dela despencar, abraçado a alguns acordes.

OBJETOS

1. O saleiro, não; mas o sal
– monte cônico num prato.
O gelo, não; mas o suor
dessangrado que lhe abranda as quinas.

A faca, sim, mesmo a de mesa:
o nome, o esguio
da alma ambígua;
o garfo, não, embora o tridente
sim.

2. Há objetos domados
e objetos nos quais a doma
nunca termina.

Nestes,
o melhor da causa interna
a doma arruína.

PÍLULAS, ORA

A partir deste objeto lunar
e lunimimético
você dorme doze horas
e acorda cansado para morrer de novo.

Aí veste sua última roupa,
cumprimenta as últimas pessoas
e volta ao caixão
e à gaveta de pílulas

A pílula púlula
a pilula pulula
você ulula e dórmele
na Alegríola.

AL GUSTO

As pessoas deviam morrer em berços
ou barcos.
Vistas à distância,
como em fotografias.
Quem dá direitos a esta enfermeira
que mergulha tanto por meu corpo ainda vivo?
Quero morrer sem minúcias hospitalares,
sem esparadrapo,
sem supositórios,
sem tubulações que me entram (ou saem?)
pelo nariz,
sem qualquer outra pessoa
vendo que estou morrendo.
Quero uma decente e higiênica morte de bicho
entre rochedos
ou numa nuvem de poeira
como se alguma coisa galopasse mitológica
de mim para onde eu estava na realidade,
aquele indizível lugar de onde somos e não somos
e cuja marcas, às vezes
nos denunciam espalhafatosamente.
Vamos lá, morte de Ser Alado,
e não esta, pedestre,
que me oferecem entre cardiologias e soros-na-veia.

Morte mágica, viril, natural, cavalar:
de cavalo correndo, como o vejo agora
e dele já falei duas vezes.
Não esta, que me apontam, de pobre e manco animal,
sem ramos, sem estrela, sem o amor alucinado dela,
sem a companhia da morte dela,
que com ela, sim, aí morreria bonito – de amor!
como entre as cretinas do século dezoito.

ROMERO

Esse cara é engraçado.
De vez em quando tira o dia
para arrumar a casa.
Água as plantas,
varre o tapete,
olha os livros com ar diagnóstico,
enfileira tudo certinho,
limpa o gravador,
ignora meu tédio enquanto bebo e ouço música,
me surpreende com um cinzeiro limpinho
depois que volto do banheiro,
diz que a fita TDK é melhor que
esta BASF que estou ouvindo
(enquanto Beethoven se esquarteja num quarteto inatacável)
depois vai lá pra dentro
e dorme na rede.
Perguntou se estou poetando
e estou mesmo, sobre ele.
É meu filho.

CLARA

Foi para o Uruguai
jogar vôlei.
É míope mas intui a bola
na base do faro.
É muito bonita
e faz caricaturas minhas com perfeição.
Eu, vaca doméstica, me surpreendo no traço
que ela me dedica: estou enorme de gordo.
Ela não. Tá legal, maneirinha,
me ama e me odeia como é normal
e me acha, graças a Deus, quadrado.
Deve chegar amanhã ou depois.
Estamos como uma saudade danada,
eu, Márcia, Romero e Beethoven,
que está sempre pronto pr'essas coisas.

ALGEMAS LEVES

Os zeladores têm maneiras médicas
e calvas comportadas como padres.
Seu reino de limpeza é de varsol,
vassoura, espanador e ordens sumárias.
Vão limpos, com suas mãos odontológicas,
atentos em cuidar do alheio
embora alheio já sublocado
a alguém que como sempre, não conhecem.

Por trás dos gestos neutros, voz sem timbre
conduzem edifícios ou navios
– são capitães civis de vida ordeira
e todos nordestinos, comandando as naves.

Nos últimos andares, zeladores.
Escuros subsolos, zeladores.
Os edifícios têm algemas leves
e de gravata, o zelador, tão calmo, não vê
nem sente.

MESA / MUSA

1980

MA MUSE M'AMUSE

Começo a pensar poemas
que trazem seu contrário na barriga
seu não-dizer no que dizem
seu não-ser ao nascerem.

– Você é um poeta dialético!,
me diz um exegeta diabético.
Não sabe que sou um diabeta exegético,
prático, asmático e sânscrito.

Sigo pensando os poemas
que envelopam não-poemas
como dois pontos de interrogação
enganchados, dialogando.

– Você é um poeta teórico!,
me diz um esteta eufórico
enquanto meu umbigo metafórico
medita as azeitonas que fabrica.

– Você é um poeta cínico!,
arremata o termômetro crítico.
E eu tomo um pileque patético e trágico
e durmo galvânico, porém farádico.

A ESTATUETA

É boliviana
De barro
Com entalhes pintados de branco
Na cor negra geral.
Tem uma cabeça de ave de rapina
Sobre duas asas
E no peito uma cara
Que não sorri e olha o vazio
Como a águia de cima.
É um meio-totem
Tem os pés e pernas humanóides.
É indiscutivelmente sinistra
E minha esperança está
Somente no pescoço dela,
Quebrado
E colado de volta com Araldite
Deixando uma cicatriz como um colar que a fragiliza.
Espero que por aí
Seu poder maléfico vá embora
E eu possa temê-la apenas porque é bela.

PARA MIM FORAM FEITAS

As coisas que devem se encaixar umas nas outras
e não se encaixam,
como gavetas que emperram,
fechaduras,
papéis que sobram dos limites do envelope,
orçamento doméstico e finanças pessoais,
diversos casos de amor,
formas de saber e avaliações estúpidas de terceiros,
meu espírito cheio de fragilidades
e meu corpo truculento,

que me levaram a vida inteira esbarrando em
centímetros, segundos, interpolações mínimas, coisas
por um triz.

ÁGUA ALHEIA I

"O silêncio natural das árvores",
sim,
mas não disseram que há telefonias
de folha a folha, tratando talvez
do tempo, dos gaviões ou do sol de amanhã.

O "teto tranqüilo, onde andam pombas",
sim,
mas nem sempre tranqüilo nem cioso
de suas brancas almas de velas,
suas almas que ouvíamos ontem.

"Complacências do *peignoir* e um café tardio",
sim,
mas não se via a curva, apenas subentendida,
do seio destinado a alucinar adolescentes
e que a vermes se condenava, como simples maçã.

E a trompa de Rolando, sim, que também já ouvi
e lamentei nos equívocos que obrigam a entender
(embora muito tarde)
que o que foi dito, como sempre, pode apenas
o que acode às palavras: – metade.

ÁGUA ALHEIA II

Ouça comigo: – o tempo das maçãs
eu tirei de um poema onde fazendas
acordaram Dylan Thomas.

Ouça comigo: – o mar onde andam velas
você já amou três vezes e ama ainda
porque o teto não se esquece, que é tranqüilo.

Ouça comigo: – há peixes consagrados,
uvas e paraísos e mulheres
e até um velho tio com monóculo.

Ouça comigo: – o dia é bom, pois não me fere
o colarinho das horas na garganta
e consigo hoje passar eterno

pelo olhar dos outros homens, respeitoso;
é que todas as palavras ouvi
e não me ficou triste a carne, ó marinheiros.

AQUELA

Amar com gesto de planta
e alma de montanha:
mereço todos os cenários
se não tenho direito à história.

Assim também as metáforas:
amar como a água na borda do barco,
tentando sempre; um diálogo
de diferenças, espaços marcados.

Paciência de semente
e seu acaso.
Plena filosofia oriental
inscrita numa ervilha.

Já que história não,
sim ilha.

INVENTÁRIO

Todas as contas ficaram acertadas
neste fim de mundo.
Paguei pecados alheios
com dinheiros que não tinha.

Cheguei a perguntar, agressora,
onde mais você ia bater
se encontrasse espaços vazios.
Ora, há sempre algum esquecido

e mesmo os lugares já feridos
servem, numa emergência. Doer
foi também uma linguagem plástica
cheia de novidades.

De modo que deve estar tudo pago.
Não pensei que era tanto, mas está pago.
Daqui em diante não há mais surpresas,
agressora,

tudo é carne viva.
Finalmente.

À MANHÃ DE DOMINGO DE WALLACE STEVENS

Manhã, claro jardim de antiga renda vegetal
mantida em grades de onde outrora o mar se via;
manhã filtrada nos cabelos de tua mulher,
ô meu poeta,
que deitada sobre um passado grego ainda não sabe
se vai, se jamais foi
à missa.

Tudo é manhã no teu poema de inverno
onde o sol é apenas uma memória de sol,
saudade dele;
os canários verdes; o robe
entreaberto, por onde uma cadência de pernas
ressoa em acordes mornoquentes.

Tua imaginação ou tua vizinha,
eis que no corpo dela algo ainda dorme
na manhã alta.

Não em ti, que a vês ou pensas
e de tua velhice desperta descobres o amor
entre duas ou três invenções
sonolentas
e jovens:
  a tumba no vale e seu antagonista, o cômoro,
  a complacência do robe e umas lembranças de Deus.

QUE COISA TÃO LITERÁRIA

Falar de Ulisses deixa as pessoas cegas.
Joyce, pelo menos, a gente vê
num restaurante austríaco, almoçando
com a família entre valsas e dramas,
e tal.
Mas Homero, esse a gente não sabe se
ele era a versão de Borges
ou aquele busto que poderia ser de Sócrates.
O grego, portanto, leva a uma cegueira ainda maior
que a da estátua, olho opaco fechado no aberto.

Falar de Joyce deixa as pessoas Ulisses
e os cegos pelo menos têm um olho
polifêmico e vulnerável
que nos mira antes de almoçarmos
para então chorarmos nossos mortos.

Borges também deixa todo mundo
cego e grego:
O Imortal e seu cão Argos e tudo. São
protonautas do táctil, do auditivo,
do sensitivo mar no olhar enxuto?

Falar de Homero deixa as pessoas
Joyces e Borges
deitadas no mesmo verde do cego.
Há aquilo que vêem para dentro, é certo,
assim:

o olho opaco fechado no aberto
chora seus mortos com Argos e tudo
e o sensitivo mar
do olhar enxuto
assim se encerra assim.

NOVE ALFABETOS DA PALAVRA REDE

1. Pensar, mais que dormir,
ouvir o curso desse rio indo,
ouvir, ouvir.

Pensar o mais longo assalto
à dócil fortaleza entregue,
de porta aberta ao que partiu voltando.

Pensar, porque a rede é peixe
e pensa o ar, como voando.
É de ar e mar o barco navegando.

2. Canoa
concha
lua deitada,
lua turca,
estelar:

– o que se pensa na rede
não leva a nada
pois já está lá.

3. Sem um corpo a rede não tem forma.
A rede é uma ficção,
Uma idéia de carne
a que meu corpo dá ossatura e alma.

4. Visto da rede, o mundo
é qualquer coisa relativa a mim.
A rede é neutra: parece o mar assassino,
parece teu coração.
É falsa como um brinquedo
que traz na alma uma ameaça à tua.

5. Dos dois punhos vem pendente o corpo
sacrificado.
Em meu proveito
mais lhe distendo os braços medievais
se em sua cruz me deito.

6. A concha acompanha servil
nossos pensamentos côncavos:
a palavra rede
enreda em trama, conjuga
dois leques delicados.
Que somados
me suportam contra a física
e a leveza oriental
dos dedos do punho, abertos.

7. Varandas da rede:
a mesma trama do leque.
O espaço embaixo, com seus peixes:
a rede me pesca.

8. Redes da varanda:
como se os terraços coubessem nas redes
que cabem nos terraços-varanda.

Os alfabetos da palavra varanda
dormem no ômega da rede-renda, o alfa-peixe.

9. Duas redes conversam de século a século.
O espaço eletrificado entre elas
só a conversa de mangueiras
pode atravessar.

MEMORIAL DE MALES

No começo matei lagartixas cirurgicamente.
Depois matei lagartixas balisticamente.
Depois matei cachorros cientificamente.
Depois matei um passarinho com um tiro errado.
Depois não matei mais nada, a não ser
este camarada que venho matando todo dia
de pancada:
como os bêbados matam os seus judas de palha
e destróem suas máscaras de goma
para depois sair bailando amor com o judas
e com a máscara de novo na cara sorrindo
sangrada.

TERRENO BALDIO

Este é um lugar com que ninguém sonha:
se soubessem que existe, esqueceriam
e se lembrassem não voltaria à noite, a lembrança,
abraçada no vento.

Está por trás de cartazes gastos
de garatujas que ninguém mais entende
de palavras que perderam a alma
e quase o corpo.

O que existe do outro lado
provavelmente também já não imagina
sequer um pesadelo simples
como esta inutilidade entre dois edifícios
vazios.

DE REPENTE ME SINTO VELHO

Meu nome é coração partido
– é o que me diz o vento na janela.
Não são os vizinhos, não é a rua:
é o vento, dizendo

– e eu escuto como se fosse uma nação de tristes
que ultrapassou indústrias e revoltas
e agora chora com plenitude
um canto envelhecido.

Meu nome é como um coração partido.
tomem dele e comam,
tomem dele e bebam,
procurem nele com cuidado

– quem sabe? –
aquela forma de alegria
rara
que a tristeza traz dentro.

CLARA PINTANDO

O espaço que se cria
entre você e o quadro
fica mais denso nas interrupções:
quando você se afasta,
olha para ele sem qualquer
expressão identificável no rosto
e pára
como se tornada em cera
num mundo imóvel que espera
por seu veredicto;
não
se ouve nenhum zumbido de tuas máquinas
nem do mundo: motores parados.
No quadro, as pessoas
esperam até que você
– sem qualquer aviso ou sinal –
retorna até elas e aí
o barulho que fazem, elas,
o mundo e você
é realmente uma grande algazarra
e tudo começa a se mexer novamente.

AGORA VEJA BEM

Um bicho agoniza, mas o sol
não agoniza.
O sol se põe e nasce diariamente,
não tem nada de agonizar, que só se morre uma vez.

Além do mais o sol não dói lá nele
e agonizar, em geral, dói.
Eu sei, que fui médico,
e entre os meus pacientes não estava
o senhor Sol.

Além do além do mais, por que botar
isso de agonizar num poema ou numa música,
se nada adianta nada e agonizar
adianta menos ainda?

Agora bicho, sim, agoniza.
Os últimos olhos deles são a verdadeira
dor. Porque os humanos, quando podem,
ainda disfarçam, entram na anedota de bravura,
e tal.
Bicho, não. Bicho agoniza.

O tempo também não agoniza.
Nem a juventude, nem as margaridas.
Vai dar muito trabalho descolar as palavras
das palavras. Deixar de dizer
"deita a cabeça em meu peito
enquanto o sol agoniza". É bonito.

Mas não é verdade.
Cabeça a gente encosta devagar, em paz,
ou mais depressa, pra chorar,
mas o sol não agoniza.

Quem agoniza mesmo é bicho.

HAMLET

Ah, malhas negras, tanto cresci entre as ameias
de meu castelo fantasmal, que além de escrito uma vez
me vi repetido pelos séculos, como se minha força
fosse maior que a de um homem, apenas;
e me repito, ora nas bocas de palco, ora em leituras silenciosas
meus solilóquios de amargura e de doença
no mal geral
que invade aos poucos Dinamarca e tudo.

Repetido me vou e cada vez
que estas mesmas palavras renascem
vejo aumentar no sangue o azul veneno
e espadas novas me acrescento no corpo.

Calai meu nome, fechai meu pesadelo,
um sonho antigo, Principesco, me espera
e ando cansado de me opor ao mar.

LEAR REVISITADO

Não, nada, nunca,
disse o rei velho.
Sim, tudo, agora,
me diz o fantasma.
Pobre fantasma burro,
você sempre esteve errado. Vá comer seu capim.
Lembre-se de mim:
pasto lento, mesmim.

Digo o antigo, infalível:

Não
Nada
Nunca

Isto sim.
Isto sim.

PERGUNTAS E RESPOSTAS

Conrad era um dos nossos?
Joyce foi epifânico?
Hemingway estava na hora da verdade?
Henry James foi uma "ficelle"?

Lord Jim talvez tenha sido um deles.
Bloom viu luminosidades internas que talvez.
Nem o touro sabe.
Pergunte ao desenho no tapete.

Virginia Woolf era transfeliz?
Eliot rezava?
Pound só gostava de esmeraldas?
Pessoa ficava absorto?

O verdadeiro nome, Orlando, está nas águas.
Uma catedral entre sombras e peixes respira.
Tudo o que se traz na testa é também misterioso,
como estar morto, como estar no porto.

AGRURAS DO DOMINGO

Com a desfaçatez de quem não tem nariz
o meu vizinho diz
que minha eletrola
o amola.

(Que adianta?
Quem me ouve?
O mundo é uma anta.
O mundo é uma couve.)

Pois não sou eu, meu caro amigo,
quem merece castigo;
isto que vocês ouvem
é Beethoven.

(De que serve?
Quem se exalta?
Abaixo a verve,
que não faz falta.)

Eis reclameis do Luís
– que tinha muito nariz!
E que nada reclamaria
porque aliás, nada ouvia.

NÃO ERA AQUI QUE EU QUERIA ESTAR

Afasta de mim essa praça.
Corta a minha mão direita
e queima a minha língua.
Corta fora minha orelha
e depois pinta tudo de amarelo.
Dá um tiro na minha perna
e escreve cartas a minha irmã.
Olha aqui meu passaporte
e todo o dinheiro do mês passado.
Olhai o meu raio X
diagnosticado.
Deixa eu ir embora.
Me larga.
Acabou-se.
Não volta mais.
Me ajude.

A FOTO FATAL

1986

1. Lá atrás havia, com ameias
como se fosse um castelo, um
castelo. Vêem-se as manchas
da sujeira mais pura do mundo
– a do Recife –
escorrendo pelo tempo das paredes e
querendo se deitar sobre a cabeça de minha mulher,
do meu filho.
No retrato há três figuras
(eu sou a terceira)
mas quem manda em tudo é o castelo-não-castelo-castelo
por trás da cena.
Nossa juventude não vale nada,
nosso filho de meses nem entra na conta,
meu relógio,
a palavra na boca de minha mulher,
nada vale nada.
– O casarão sem caráter e envelhecido, sim.
Este, vale.
Está demolido.
não existe mais,
mas naquela tarde do Recife, há muito tempo,
trabalhou realmente a sério.

2. Minha casa; São Paulo; a medicina.
Minha cara promete tudo mas eu, cá comigo,
não garanto nada.
Há um que me olha com atenção.
Pensava que eu tinha poderes.
Há um inocente que se comporta com naturalidade:
para este, sim, tenho poderes,
sou maligno e malévolo,
sou
capaz de ver que ele é um inocente.
É esta a justiça de que me fizeram?
Inocentar e condenar pessoas num
(pretenso)
poema como se fosse ele
o juízo final?
Custou uma vida inteira saber que a vida não era isto.
Mas que há uma revolta não-resolvida
(danem-se os santos
e os humanistas),

– há.

3. Como se segura um cigarro?
Se você está
sorrindo como uma melancia,
tem que meter a mão esquerda no bolso e
com a direita segurar o toco num gesto
de meio-caminho.
Pretender a elegância.
Ou então, se você
pensa na vida, nos dinheiros, na crapulice e no futuro,
cruza as mãos na frente do cinto e ri por cima
do seu cigarro um riso ordinário como você.
E assim por diante.
A grande novidade é esta:
    a julgar por aqui você não sabe quem é quem.
E se surpreende
mais uma vez fazendo juízos de valor
onde talvez não haja necessidade nem de um
nem de outro.

5. Nesta mesa de bar na calçada
– desse jeito, só em Recife –
o fotógrafo pega no ar a gargalhada
geral.
Escâncaras.
Este aqui se separou da mulher, aliás sentada no
extremo oposto da mesa.
Este outro também (e ainda não, mas)
já está comparecendo no singular.
Tem um que mira de bandinha, sem rir.
Esta outra, que olha para baixo,
morreria em minhas mãos
depois de atropelada por um carro
e numa operação em que não era possível fazer mais nada.
Sem saber
(éramos sábios),
gargalhávamos, ró, ró, ró

11. Nesse time de futebol do Colégio Americano
há a minha celebridade e a
celebridade de Almir, do Vasco (depois)
que morreu baleado na Galeria Alaska.
Era apenas uma questão de trocar a celebridade dele
pela minha (agora a sério) obscuridade:
e lá estaria eu, estendido no *chão pecaminoso*
da Galeria Alaska.
Ainda me lembro do retrato dele, nos jornais.
Aquela sensação incrível de que a fatalidade
está sempre alisando o braço esquerdo da gente.

14. O mar de Boa-Viagem, dividido
pela pauta dos rochedos.
Ninguém agüenta mais que se fale nisso.
E os coqueiros, meus amigos, os mesmos
coqueiros que não têm nada a ver com nada
e continuam ilustrando capas de livros,
roupinhas de tênis, poeminhas, quadros
suburbanos e calendários!

Mas vai um camarada e fotografa tudo
de novo
e pega por acaso um certo nervo exposto
que eu tinha esquecido de encapar.

16. Corram, Clarinha e Romero,
pela praia.
Ficarão inimigos mais tarde
e já na época
só a fotografia ou o fotógrafo
conseguiriam que corressem de mãos dadas
e parecessem, nesta visão de sonho,
dois passarinhos molhados na areia do mar,
ela sem ver que ele
estava com os ombros encolhidos, disfarçando
uma crise de asma.
Um dia serão amigos.
Mas por enquanto resta apenas vê-los correndo
– os passarinhos com frio –
nesta foto que
(desculpem)
me comove tanto!

(psicanálise)

19. Ele
(é o pai)
está com seu sorriso Charles Boyer
ladeado (augusto) pelos filhos
ditos "acadêmicos" de medicina

Minha irmã e eu
suas vítimas e idólatras
– conscientes das duas condições –
sorrimos como podemos:
ela, sem certeza;
eu, esbanjando um ouro que não tinha.

Somos três
mais o fotógrafo
mais os que estavam trabalhando sob as ordens
dele nas outras salas
e no entanto
esta não é uma foto minha
nem de ninguém, senão

como tudo o mais, no
mundo, uma coisa
dele,
do pai.

(vista por trás)

20. Mas que ele estava orgulhoso,
estava, pombas!
Era ingênuo
mas estava tão orgulhoso!

Era terrível, racional,
juiz implacável de teses
e de hipóteses,
mas
morreu fiel a seus equívocos.

A história dele é uma bobagem
mas é a história de muitos outros
e no fim, talvez,
nem seja uma bobagem.

Deus me livre da
história dele,
da história
dos muitos outros,
Deus me

livre de mim:
que implacável sou eu,
sou eu,
sou eu.

26. Quase no fim do álbum ele me olha
e me interroga.
Tem à sua frente uma máquina de escrever
e um número desconhecido
de anos para viver.
Não se incomoda com isto.
Acha que está envelhecido mas admite
que algo se preservou, das antigas
(qualidades? características?)
– das coisas antigas.
Reconhece a mão grosseira
nele,
em mim. Por pouco
não me pisca um olho e pergunta
se dá pra irmos levando,
assim como está.

Como não sabemos a resposta, continuamos escrevendo,
ele lá e eu cá.

29. Ontem acordou às quatro da manhã
porque um impulso obrigava a ir para a mesa
na certeza de escrever muitos poemas.
Lutou para conseguir um, mal e mal.
Depois voltou a ficar opaco.

Agora hoje aparece entre os
colegas de trabalho
com cara de urso e de ressaca
numa foto em que a teoria literária
coloca sob suspeita
a
chamada
inspiração.

32. Ou era um sonho e nele se passava
o episódio do corte: simples
filete de sangue escorria
de carne inocente, talvez
minha.

Acordar e a mão sangrando
e depois dormir de novo:
sem saber até agora
se o sonho vem antes
ou depois do sangue.

33. Não, felizmente
esta foto fatal não foi batida.
Nela apareceriam
as bordoadas se encaixando em mim
como pombos em seus pomborifícios
do pombal:
o ajuste perfeito.

Felizmente não foi batida.
Não verão minha impotência
diante das porradas
nem a parte de mim que esperava por elas.

A foto não doeria, não, mas
um departamento de mim
– que dispensa exatidões –
rejeita
enquanto relembra:
a que não foi batida,
a que não tem testemunhas,
é a única foto verdadeiramente fatal,
aqui.

Se meus olhos batem no papel
se vêem o que lembro
o papel pega fogo
os olhos se apagam
o livro se acaba.

ANJO NOVO

1987

Foi difícil demais
passar o dia
ninguém veio quando estava frio
aqui dentro.

Agora era preciso pôr os óculos
para ver tua vida dependente
de sopros, fios finos, grãos
minúsculos; já não há forças.

Não se esperava ninguém, mas se chegasses
mais cedo, uma alegria ou uma vírgula
na pauta da manhã se inscreveria.
Agora é tarde, o tempo se recusa.

Já é quase de noite. Vem aquela
hora que muita luta espera.
Passou a da manhã, que era possível.
Agora é tarde.

O sono, assassinado, falta.

HISTÓRIAS SEM MORAL (I)

TOMÁS DE AQUINO

Copiado de Umberto Eco

O gordo Tomás de Aquino
caía em todas as pulhas
porque não imaginava a mentira
na boca de frades.
Depois cuidava de casar
Aristóteles e a Igreja
quebrando um tremendo galho
para os dois lados.
Não lucrava nada com isso
quando morreu estava gordo
demais e não passava
por portas muito mais simples
que as passagens teóricas de antes.
Este problema foram outros
que resolveram
naturalmente

HISTÓRIAS SEM MORAL (II)

MÁRIO DE ANDRADE NO RIO

Entre 38 e 41
Mário de Andrade morou no Rio
precisando de emprego
(mas não dizia)
tirando retrato por acaso
na rua com lenço de seda
e sorrisos dentifriciais.

mas no orçamento o sufoco
e pagar o chope dos admiradores
e fazer as contas de noite
(no orçamento o sufoco:
naquela época
não se falava nessas coisas).

agora como é possível poetar
sem os pés na terra
com medo da morte iminente
e sem dinheiro e
com dor em todos os dentes?

aí o jeito foi voltar para São Paulo
onde só viveu até 1945
com esta coisa terrível da pobreza
obrigada a se disfarçar
o coração não agüentou
e disseram que ele estava meio alienado
da realidade nacional

C.

o olhar de mel
a alegria suspensa
– quase pulo –
a alma, sem dúvida:
a um passo da fala.

ali onde se guardou
nosso melhor, nosso pior,
faltou apenas
o último impulso
negado por descuido.
não fosse isso talvez
tivesse falado
escusado
morrer

EUCLIDES ESCOLHE A MORTALHA

Um terno velho que economize algo
do que existe nos mais novos: exuberância,
só nas palavras. Nada que estrague
versões da perfeição, mesmo em tecidos

que falam apenas ao corpo.
Aqui no bolso esquerdo pode entrar
a bala que me fira – nessa mancha
escura que semelha a minha sombra

interior, a decisão de ir
um pouco antes da hora.
No trem dominical, meu terno velho
não chamará a atenção dos amarelos

e engomados vermelhos dos almoços.
Grandes botões, como papoulas.
Meus olhos esgazeados, no percurso.
Grandes botões, como margaridas.

Um terno velho: que economize algo
da sesta que vai ser interrompida.
E que me sirva mais fácil, na passagem
quasimodal da vida à vida.

CIRCUNSTANCIAL

A Miguel Calmon

Os anjos, Miguel, são seres
de costas.
A trombeta que tocam, tocam torta
e para longe. Lá não iremos,
a este lugar que eles anunciam
mas não conhecem.

Todo anjo de Rilke é terrível.
Todo anjo de hoje é idiota.

O que não impede que estejam grandiosos,
barrocos e cúmplices de nosso mau-gosto
errando sua mensagem
aqui na entrada do bar
(ao qual dão as costas)
                        cegos,
                        cegos,
tocando a trombeta que deviam beber.

Todos leram os poetas elípticos
e por causa da fama
não entenderam que não era
caso de entendimentos
nem leram no interior da proposta deles
de forma que leram mas não leram
e não ficou nada de tudo isto
e agora todo mundo
está na mesma merda
sem sintonias, sem reconhecimento
e sem esperança e com o maior
cansaço do silêncio luxuoso.

É hora de voltar, meninada,
lá em casa tem bolo e uma conversa bem prática
sobre o que fazer amanhã de manhã.

“MAS TANTAS FIZ...”

(*Ana* C.)

Verdadeira perseguição
tão longa a este Nome
e ainda tanta distância
que mesmo pisando em sua sombra
faltam séculos de viagem.

Chegar, nunca, até cansar
de saber que é no intervalo
que as margaridas trabalham;
e que não eram margaridas
o que o prêmio parecia.

São enganos florais, parceiro,
e algumas explodem no passo
mais cuidadoso. Nessa escuridão
saber que alguma solidão cintila
e não se deve retornar a ela,
agora outra, sempre outra.
Chegar, nunca,
quantas faças.
E ainda assim,

da janela para lá
é espaço-humano:
com vidro
onde esbarrar de vez em quando
dá tontura por uns dias.

às vezes há bebedouros
– água açucarada e flor
pintada: bebe-se em paz
até chegarem as vespas.

Às vezes uns nos assustam
ou ferem.
Outros, como este, fotografam.
Os melhores nos deixam em paz
e nunca falam de nós. Os piores
também.

SINAL NA PELE

Todas essas manchas são novidade
chegam de noite
pousam de leve
                    – na pele, ou na alma?

A forma velada
o segredo das chaves
as ciências indizíveis
na pele aparecem.

                    Ou na alma?
                    E nem sabemos o que seja alma
                    nem o que altera, de fato,
                    seus parentescos de viés.

Mas as manchas aparecem na pele.
Em retratos delatores,
no dorso da mão, no intacto.
A alma está nos retratos?

                    Alma é o que dá sinal.
                    É o sinal.

O PINTOR (BRASILEIRO) ME DISSE QUE ERA TANTRA

assim:
"– Eu? Eu sou tantra!"
como indignado
porque o resto do mundo
(inclusive eu)
não é tantra.

acho que ainda hoje ele continua tantra
pintando e escrevendo elipticamente:
"– Deixa o texto em sua abstração!"

e as balas zunindo
pra todo lado
bem
concretas

Pobre Hemingway
estupidamente feliz
estampidamente feliz
como Althusser
até matar a mulher.

Apaga tudo
dali para trás?

O que foi antes
valia mesmo?
Estava bichado?
Morreu outras vezes a mulher?
Hemingway já estava morto?
Era falsa a filosofia?
Conversa-fiada a bravura?
Que homens seremos no futuro
que um lance nos marque tudo?
Se for assim – vale a pena?
Que cuidados enluvar
para não acabar logo?
Agarrar o rochedo de hoje
com toda a força do dia
evita o que vem aí?
Que traição se reserva
alguém de si para si?
Que desmentido cabal?
Que lápide prematura?

madureza pra quê?
os rios que me encontro encontro bons
sem saber de mais nada
em tardes amarelas.

era a memória de alegrias idas?
o tempo foi um estróina
a asa da aventura, mínima
e andava longe.

E está mais longe.
Não querer nada é fruta sadia
em cima da mesa. Essa,

vermelha, sadia
mais fruta
quero.

MARE NOVUM

nunca mais falar
depressa por cima das ondas
mas demorar no verde fundo
terrível, maior – nunca mais
senão devagar, de cabeça
morder cada sílaba neste
processo em que vais ficar
máquina dura e por certo
mais fatal, mortífera e pesada
e longa em cada recesso, mais
comprovada em cada perda
de fôlego, que já falta, que estás
tão verdadeiro, já negro, está
tudo assim mas talvez fosse
melhor como era antes, menos
real, mas carregado de todas as mantas
carregado e tão leve, pesado agora,
real, mas carregado de todas as manias
antes
mar

HOMENAGEM
DEZ SONETOS

1992

HOMENAGEM A MANUEL BANDEIRA

Sitia minha dócil fortaleza
Esta vontade de te relembrar.
Coisa fugaz: dezenas de espertezas
Correm a mim no afã de refrear

O que pareça com as recaídas
De um falso lírico que eu sei guardar.
Nele mora o pior das já vencidas
Manias de dizer de par em par,

De escancarar portas e bocas numa
Vaga esperança já sem esperanças.
Ah, fortaleza dócil, que nenhuma

Rude invasão retorne por vingança.
Mas lembro e esta lembrança desarruma
Defesa esperta, equívoca mudança.

HOMENAGEM A FERNANDO PESSOA

Sou uma máquina de me ferirem
Os que aromáticos passam normais.
Eu sou dos Sebastiões que vocês virem
O das flechas católicas – jamais
O Sebastião de Alcácer-e-Quibir em
Batalhas de sangüíneos portugais.
Fui barco, sim e amei até ruírem
Por terra os mares que não sonho mais.
Toda a Mensagem, que me dessedenta,
Deixei num pergaminho que fratura
Os versos e as palavras, meus arcanos.
Desde a Tabacaria à nevoenta
Ode Marítima, que eu quis futura,
Tudo se apaga quanto errei nos anos.

HIS TIME
(OU HOMENAGEM A RIBEIRO COUTO)

Adeus, que já passaste, e vai contigo
Como num barco, quase despedido,
O que se amou e segue em paz, vivido,
Num sopro, ao sopro deste vento amigo.

Adeus, que és barco e partes num sorriso
E não magoas, findas, não magoas,
E o nevoeiro encobre as águas boas,
Nevoeiro do fim, leve e impreciso.

Adeus, velas que estão quase escondidas:
Já não importa o quanto arderam antes,
Se agora me perdoam toda a vida,

Se te afastas gentil, barca perdida,
Sem mais a dor e a perda, num flagrante
Que mais parece a volta que a partida.

A UMA MORTA

Pálida, à luz da lâmpada, descansas,
agora ida desta dura lida.
Ida, vivida, mas agora alcanças
O que em vida faltava e que era a vida,
talvez, que sempre esteve nas lembranças
e pupilas dos outros repetida,
nem foi viver, andar as desandanças
que ao teu redor andaram, pressentidas.
Aí, talvez, à lâmpada, nas velas,
um suspiro veraz de orgulho e tédio:
tudo era falso e falso até agora.
Calaste. E nem na sombra te revelas,
que esta pompa da morte, o humano assédio,
em teu rito final se desarvoram.

HOMENAGEM A FREUD

Havia a estrada, a que levava a Tebas,
e feria a ferida nos meus pés;
e havia o frio natural dos montes
servido seco pela tarde crespa.
Mesmo sem nada que me ameaçasse
por perto, dentro em mim algo me vinha:
– o tremor estrangeiro em meu tremor
– o calafrio além do calafrio.
Ao longe eu via um grupo: homens, cavalos,
pela entreluz de encruzilhada dúbia.
Nada mudava: em mim tudo mudava;
um grupo vinha ao longe e o que eu ouvia
era dos versos meus temidos: era
Algum destino trágico me espera.

MANIAS DE AGORA

1995

NA FRESCA DA MADRUGADA

Na fresca da madrugada
a conversa mais interna
a noite como outras noites
o que já viste e não queres.

Silêncio na casa toda
os móveis no solidário
mister de julgar – calados.
Nada a fazer de teu tempo

Nada a fazer desta insônia
mais tua que tua pele.
Todos so livros, iguais.
Teu barco e teu rio amados

que ficam no fim do sonho
distantes para jamais.
A morte é num dia assim?
Deste vazio, que versos?

Que vazio em todo verso
amparado em seus adornos
sabendo seu mal de dentro!
Onde o sal de tua terra,

onde a luz, a luz do mundo?
Na fresca da madrugada
a luz do mundo se esconde.
Dela nada se incendeia

do sal a terra anda à míngua
as culpas se acumulando
em tua cabeça ardida
como dívidas vencidas

atrasos no teu trabalho
amigos que despediste
maré que não volta mais.
Na fresca da madrugada

o sono que não chegou.
Palavra incorrespondente,
o outono que de um poeta
de tudo vem, para tudo.

Na fresca da madrugada
uma viragem mofina
que em manhãzinhas melhores
se miraria acanhada.

Na fresca da madrugada,
o galo, o azul e o calor
que começam numa letra
e iluminam toda a vida.

MATÉRIA DE SONHO

Os sonhos têm aqui mais de cinqüenta
Dos anos de inconsciência e lucidez.
Os mitos que celebram se contentam
Em sua fugitiva polidez.
Alguns retornam, como quem não disse
Numa chegada breve o que queria:
São sombra que ao primeiro perseguisse,
Que o multiplica, ou dele se vicia.
        E há aquele rio e o barco onde se ofertam
Três livros entre os remos, em leitura
Que envolve o leito, o barco e o sonhador:
Tempo que ao próprio Tempo se completa,
Ali se encontram vidas e venturas,
Ali me encontrarei quando me for.

EPITÁFIO

Chegar já foi a partida
De onde estive até nascer.
Viver só custou a vida.
Não custa nada morrer.

TUA ALMA, QUERIAS

Tua alma, querias
como o ferro – depois que cicatriza.
Teu coração, como uma folha
que honrou a ventania.

Nada que toque a intimidade,
cristal do teu sossego,
pudesse arder mais que devido.
Assim querias alma e coração.

Mas hoje sabes: o melhor
passou e fez voltar-se para trás
teu pensamento, na viagem.

Já não é tempo de aprender mais nada.
A alma ficou nuns recortes;
o coração, nas artes da colagem.

CACHIMBOS

Dedicado a minha filha e a um poema
de Philip Booth, muito parecido.

Eles vão se arrumando sozinhos:
        são mais de cinqüenta,
cachimbos dotados de histórias individuais,
caprichosos, honrados, revelados
– como algumas religiões –
todos com sua pele,
cicatrizes
e uma alma que conhece a nuvem,
silêncios,
esquecimento
e seu dissimulado equivalente,
a Glória.

Estão num painel de feltro verde
(os irlandeses têm razão)
em três filas aparentemente anárquicas.
Mas agora que estou sábio, entendo
que alguns dialogam,
outros se amam em público,
uns se isolam como uma sentença
e há desde os meditativos
(como uma árvore)
aos oferecidos
(como a mesma árvore).

Ninguém cuidou de nada
Ninguém disse "calma, tudo

vai se arranjar".
Ninguém pensou em ler neles algum romance,
ou encontrar sua estrutura,
ninguém.

É assim
em tudo.

Cachimbos e metafísica,
jardinagem e química.

É só deixar o painel arrumar as coisas.

HISTÓRIAS SEM MORAL

(*Tomás de Aquino*)

I

Hão de ter zombado
– Tomás de Aquino –
do peso, quando carregavam
teu corpo até o caixão
(talvez no vale
três ladeiras abaixo)
ou quando te acomodaram nele
ou desceram tudo à cova larga,
desmedida.

II

O respeito que tivessem
o bem que quisessem
o medo
– o que fosse –
perderam espaço para a zombaria final
íntima, sussurrada
entre dois frades novinhos
e leves.

III

E aí nem Suma Teológica
nem nada, nada
valeu como proteção;

nem ter conciliado Aristóteles
e a Igreja, a fé e a razão,
– quebrando um tremendo galho para ambos os lados –
nem as orações valeram nada,
nada;

IV

porque assim é que são as coisas
(mínimas, não grandiosas),
na superfície do planeta
que é apenas uma ervilha

e onde o bálsamo para tudo
pode ter sido, ora,
comer e beber
e intoxicar-se de si mesmo e dos anjos.

DIADEMA RUDE, NÃO TE TOLERO MAIS

minhas antigas referências, perdidas.
meu berço, uma gravura.
a cálida manhã dos meus trinta e três anos,
um número.

não há mágica para certos escorpiões,
lamento o tempo perdido:
adeus diadema, adeus capitães
de coração metálico; e meninos ungidos.

RECORTE

Homenagem ao Drummond
de "Amor Começa Tarde"

Amor? Mas que loucura, amor,
aqui nesta avenida tão sem paz
e quando a vida já nem reconhece
quem diz, não diz, quem faz, não faz!

Amor? Mas que doidice extrema aqui nos cerros
onde nem sabe a nuvem quanto lhe coubera
de azul em firmamentos tão serenos
e esquece o tempo em que carpiu seus erros!

Amor? Mas que amor mais pançudo me afigura
amar assim tão solto ao vento alado
quando a ternura é já caricatura
e amo o que amei, já desmemoriado!

Amor? Mas que grande domingo na segunda,
que leveza de mão nesse carrasco,
e quanto estou, que em mim tudo se inunda
e fico ateu e fico hebreu e basco!

Amor, amor, amor, de puro amor,
a planta em meu terraço já se anima:
algo lhe cai, chuva que sai da terra,
como se a terra lhe desse de cima!

Nem tanto ao mar: nada me afirma
nem me desmente, nada me renega;

amor que venha, mas entre cordial,
embaixador do mal, mas que me alegra.

Tão diferente esteja, que me deixe
ser outro ser, diverso dos retratos:
algo melhor, maior, mais deus, mais peixe,
mais devasso ao sabor dos meus recatos.

(19.10.74)

PINTAR SEM RETOCAR

I

Ah meu artista japonês
preciso da árvore
para escrever a palavra árvore
e do rio
para a palavra rio

que só assim teria os dois
como os consegues
em tua pintura sem retoque
– pincel fatal final –

exatamente o que queres
no lance/gesto certeza.

II

Na mesma certeza
o que nem imaginaste:
também no acaso
o espaço eletrizado

em que entendes as coisas
e as coisas te entendem.
A Mão – Leveza por trás da mão leve.
Uma sintaxe do vazio
indispensável à espessura.

Desmaio do que adormece
no percurso forte:

sem este sono, nenhuma força
haveria. Sem a força, nenhuma
doçura como entre as folhas caindo.

SANTA BARROCA

Dobras, no manto, que não podiam
caber na madeira: parecem
folhas de papel vivendo audaciosas
idéias do vento.

Ela parece louça, no rosto,
parece água, nos olhos,
em cima de sua nuvem perfeita
com o filho perfeito no colo
no mundo perfeito.

Pode ser oca
para se esconder nela dinheiro safado
mas isso não importa: penso
é naquele camarada de faquinha na mão
– ou cinzel, lâmina e ponta –
dissecando a madeira, até
achar a madeira que havia dentro
da madeira, a dobra
tão impossível, que até oscila ao vento
onde a nuvem anda.

TEMA DA ROSA / I

Parecia uma rosa madrugando
Aquela rosa ali, naquele dia.
Era quando em redor amanhecia,
Porém sem Lugar-Onde ou Tempo-Quando,
Estava eterna e eterna parecia.
Não se sabia a luz que a estava olhando,
Ou se ela olhava a luz desabrochando,
Nem se era dela que esta luz surgia.
Nada movia em torno, mas da haste
Parecia vibrar, tensa e nervosa,
A onda de um acorde num segundo
Sonhando em rubro e alheio a seu engaste,
Que era a história das rosas numa rosa,
A rosa em si, dentro de si, no mundo.

BORGES MORTO

Talvez se demorasses mais um dia
Com teus espelhos, tigres e punhais,
Trouxesses nova carta e geografia
A mar e terra que não cuidas mais.

Talvez um texto em que mais uma vez
A nós nos lêssemos, por tua audácia
Que é sereníssima: nela se fez
Alguma estrela, alguma Samotrácia.

Vitória tua, Borges, na penumbra
De um sonho visual entre os escombros
Do que perdeste, mas que em ti deslumbra:

O mundo que elevaste sobre os ombros,
As muitas pátrias, a espessa Nortúmbria,
O chão de maravilha, o céu do assombro.

POEMA

Não sabemos se olhando retiramos
a pele da pele
a carne da carne
o bloco todo

a alucinada
humana essência

a alma de garça e gato
o sumo de seu pomo

a seiva como amora
o mais oculto
do claro veio

seio

seio.

MAÇÃ

opulenta
ocupando tudo
de sua circunferência
luzindo

sem signos dentro
sem signos em torno
plena em si
acordada

mas dormindo
longe e esquecida
da macieira
maçã toda aqui

única entre objetos
carne deles
e entre eles
viva

fêmea anterior
ao estalo

guardado
iminente

rubramarela
explosiva
entre outras mil
pessoal sempre

e já

DENTRO

o ponto na sombra
em que se vê melhor do que na luz.
na palavra
um *break* em que a coisa interna

retorna com poderes imprevistos:
aí devem morar os mortos
os que não veremos nunca mais
os que não existiram mas imaginamos

e nós mesmos – em versão
completa,
no passado chamavam de ilhas
a este lugar ideal.

que não se mede por metros
mas que é no tempo.
o mar que o cerca
é no ar.

PALINÓDIA

no fim você tem
uma árvore que se esgalha
em sua janela com curvas e
laocoontes se fotografando
a cada instante e folhas e
insetos e passarinhos que
coabitam no precário com você
já que o vidro põe você em
outro universo que ele
mal vê e não escuta e
tudo isso e mais a chuva, umas
gotas de orvalho, uma outra
escorrendo em um ramo determinado
e as combinações possíveis entre todos
esses elementos: ligações, coerências,
incompatibilidades, uma
cidade, a árvore; e
a cidade real, em torno, com
pessoas e perdas e nunca mais
– a cidade
        uma referência que se desfaz
aos poucos
e lembrava mesmo você
enquanto você
também árvore
oscila
        em dias.

O AGENTE INFILTRADO E OUTROS POEMAS

1999

ROBINSON

Toda a certeza de que estarei só
por todos os mais dias dos meus dias,
todo o recurso-a-me-lembrar e o pó
dessas lembranças, última valia,
as providências a que me resigno
e de que vivo, adâmico e exilado
como exilado Adão provou do indigno
pão que o suor provê, humanizado,
todo o caminho do retorno a mim
e a meus saberes e aos da minha raça,
da mágica engrenagem do jasmim
ao gatilho, estampidos e fumaça,

toda a glória que a solidão semeia
e agora essa pegada aqui na areia!

FRATRIA

Ontem na rua, eu os vi, amontoados,
e casuais, nos trapos, na fuligem
que invadia suas peles e nas úlceras
e curativos e nos lábios rotos
por socos e escorbuto; amontoados
e naturais, passando ora a garrafa
ora um pão seco e eram homens
e eram mulheres, que falavam,
que se entendiam,
e um deles mais que os outros
pontificava, e maximoso dava o tom
de uma filosofia já perdida
e mágica e infalível
a julgar pela voz com que falava.

Conversavam, os cinco ou seis, talvez,
indistinguíveis, todos, forma igual,
e iguais murmúrios e grunhidos.

Mas um deles
ergueu a cabeça e me encarou.

"Fui reconhecido", pensei comigo,
enquanto me afastava na direção da multidão.

Ele me encarou como se perguntasse
"Que faz você aí, no meio dos limpos?
No meio dos brancos? No meio dos outros?
E concluísse: "Você sabe que seu lugar é aqui."

CORPO ANTERIOR

Que faço aqui, neste meu corpo, amando,
Outro corpo, doado – e estranho a mim?
Dois corpos desiguais e no comando
O que eu decido. E quem decide assim?
Estranho todos os departamentos
E eu sou um outro, que não pousa aqui.
Cada nervura, poro, o tegumento
– Desconheço de todo, nunca vi.
Altura que não quero, mãos esquerdas,
O que está velho e não forjou memórias,
O gesto alheio, o olhar sobre tropeços,
São crônicas já pálidas, a perda
Do nunca possuído: alguma história
Que espera no futuro o seu começo.

SOU CRUZADO

Sou cruzado, mas esqueci meu rei,
Da nave em que cheguei, mal vou lembrado;
Quero guardar comigo o que ora sei
E de antes não sabia, descuidado.
Amar, perder, a ventania, a lei
Desordenada e injusta – este reinado
De amoráveis desastres que encontrei,
Deles cativo quero estar, atado.
Assim, longe de nave e de equipagem,
Fico; não deixo mais esses rigores,
Fico: não me acrescento mais àqueles
Que perdem quanto acharam na viagem,
Pois se retornam os navegadores,
As descobertas deixam de ser deles.

MIDAS AVESSO, EU DISSE...

Nada do que tocamos permanece
como era antes. Não que a tudo corrompa
o nosso toque, ou traga a marca de Caim, a
trompa
da sentença final de um deus que se enfurece.
Não. Alguma vez nasceu de ser tocado
por mão insciente (a nossa), um cravo azul,
um hemisfério ao sul do mais azul,
algum antigo mito, renovado.

Mas quase sempre permanece
o que tocamos então confinado
em seu pior – que o nosso mais acresce:
a mão vitimada
que se despetala e eternizado
em boca que afloramos, signo infame
que da trompa e do deus ora escarnece.

Mas sem suásticas, na essência nossa:
antes,
como um pendão de luz reverberante,
todo o aparente coração que eleva
um sol benigno: a treva
não entra nas metáforas do toque.

Saber de tudo, ao que sabe condena
a não gozar surpresas. Nada
se esconde a nós e olhamos frios
o que é da superfície do planeta:

e aí vão homem, coisa, natureza, a plena
força das cores nos seus atavios
e os sentimentos que inda estão em cena.

Disfarçados, tentamos na poesia
desencavar formas sutis do engano
que faz passar de um dia aos outros dias.
Como os ouvintes, nós também passamos
ao tempo sucessivo, para aqueles
fragmentos concessivos: mas em volta
zombam de nós os ouvintes tocados
enquanto nós escarnecemos deles.

Seu único saber, este antiverso
disposto contra as hostes dos demônios
que somos nós, os que sabemos tudo,
fingindo dar, de um indeciso ramo,
como flor de verdade essa peônia
que é feita em casa, deste que nós temos,
tear de nuvens – que nem nós prezamos.

Assim, até que a nave nos convoque,
aqui ficamos sem nada entregar.
Alguns de nós aderem,
vão no desconserto,
amando as ordens de onde não há ordem
e a desordem quando algo se organiza.

A maioria anseia por partir:
antes, alguns, de quando a nave avisa.

Entrados e vividos pelos ermos
e desencontros dessa trama ingaia,

retornamos ao ponto de partida:
convém voltar ao leite, à nave, aos termos
em que se esvaia amena, a curta vida.

Nada mais fere, então, e disso sabe
quem na partida está: mas seu segredo
não se revela, que o levamos preso
até que tudo em torno a nós desabe,
exceto nós, que nos vamos sem medo.

A nave que nos leva tem seu curso
determinado, e lá sabemos tudo.
O mundo sem pergunta ali nos cabe,
que este só deu perguntas e a pantera
que cercou Dante e o deixou hirto e mudo.

E criou tradutores do impossível
e a flor imaginária que esperamos
amando a rosa; sim: – tocar de ouvido,
eis como é procurar por essa rosa,
ó toque sem contacto na impalpável
pele-mucosa da prístina Rosa;

desenho sem figura é a procura
da eterna rosa, morta a cada dia
a cada verso que lhe almeja a alma
no anseio por tocá-la, que sitia
as almas bem mais simples dos mortais
que somos:

– rosa por nós?
Rosa jamais.

Dura a floresta, que a floresta é dura
palavra de um poeta em hora escura.
Os trinta anos que teve então traçavam
sua visão de como findaria
e nós com ele, em barco igual, pesando.
Não se esperavam vivos, e ora em bando
no Inferno a que chegou, chegamos tantos.

Então partir, definitivamente.
À nau, enfim, que leva a não-sei-quando,
a não-sei-onde e folga de ir levando:
respostas, não perguntas.
Deixar sem dor, com dor, essa tarefa,
a crença imensa no que não valia
fervor algum: vou me afastando
esquecido de reis e de comando.

A nau que folga. Os termos paziguados.
Toque não áspero de objetos rudes.
Coisas chegadas como um horizonte.
Cor ideal sem tom de mais, de menos.
Algo que estende e atrai como uma ponte.
Saber que vamos por um mar sereno.

COMO SE EU FOSSE ALGUM DESCOBRIDOR

Como se eu fosse algum descobridor
me vi aqui, a procurar o incerto:
determinada lei,
a escama de algum peixe,
fundidas nalgum filme ou num deserto,
num campo aberto – onde perdido deixe
o último gesto, algum trágico rei.

A procurar o incerto: uma campanha
que fiz impulsionado e recoberto
por forças que já esqueço e a que me dei
nem dócil nem viril, mas por desleixo.
Nada vejo, mas ouço, que está perto,
o tal destino, de que não me queixo,
como não cuido a estrada e o quanto andei.

Chamam de instinto, o que faz gafanhotos
seguirem na anarquia um rumo certo
condenados por praga onde campeie
a confusão de tudo, mas que deixe
todos iguais roendo o campo aberto,
todos no mesmo feixe e iguais na grei.
Assim estive, assim aqui passei.

Fins e destino, de que não me queixo,
não sei quando me esperam; sonho uns braços
balsâmicos nos meus e que concerto
postos nos cravos em que ora me deixo,
crucificado numa antiga Lei,
eu que de os desejar, adiado andei.

Destino e fins que não encontrarei,
a nave, que esqueci qual me trouxera,
este acerto inconcluso que me espera
ou longe ou perto e não será desfecho,
nem acorde sinfônico final
nem meu regresso a mim, à nave, a qual-
quer dos meus países e traições,
nada verei.

Inerme e sem país, que os olvidei,
cruzado, sim, mas que esqueci meu rei,
descobridor não sou e descoberta
não há, pelo percurso inconseqüente.
                    Tudo é o percurso.
A ele me confino e vou contente,
e aos poucos o destino esqueço e o passo
que me deram aos braços desta gente.

Não há final nas fórmulas que tantas
vidas foram, diversas: – e os espertos
filósofos que herdei
nem movem mesmo um seixo.
Esta vida me coube, este deserto
que povoei de audácias e da rosa
e agora deixo, sem perguntas, certo

de que a pergunta é já flor ociosa:
creio que fiz cá entre os outros, junto
a eles meu melhor – e não importa.

Que nada importa muito.

E fecha a porta.

IR

Já quase me convocam e retorno
sem saber bem do que me trouxe aqui.
Não aprendi as árvores que vejo
e nem às que imagino me resigno.

Talvez o sofrimento esteja nisso,
nessas distâncias entre o verde e o sonho.
Do que disponho, o compromisso foge,
foge a linguagem, vai negada a rosa.

Vou sem ter dito, vou sem ter ouvido
e nada em minha nave me compensa.
Fui nesta fala ardente e silencioso,

no entendimento fui ânsia e fracasso:
ah, quem tanto pudesse que fartasse
de voz e de palavra esta partida.

ROSAR

Amor, que ouço outra vez, há muito habita
a mesma história, a sempre renovada,
a que se imaginava já finita
e ora retorna fresca e não pensada;
e o que diz é teu nome, e o nome hesita
entre a celebração e a luz velada,
que é de se dar a ver, mas vai contrita
em sua sorte – e não proclama nada;
a ânsia desse amor almeja o peito,
fino véu, rosa viva do teu peito,
louca rosa, que volta sempre rosa,
mas do verbo rosar; e enquanto escuto,
mais te rosa a rosante flor: escuto
outra vez mais, rosar de novo a Rosa.

ERA UM BERTOLUCCI

Vimos este filme no Coliseu
perto de sua casa
na rua de lua e pavimentos abrasados
em alguma noite de acácias e incertezas
e o cinema todo às nossas costas
e à frente um futuro longe das águas
do rio
do mar.

– Não, não foi lá. Já foi aqui.

Na saída acendi um cigarro
enquanto seguíamos pelo corredor de alvenaria
debaixo do céu calorento que cedia à noite
fresca
e eu te amava e te temia, você
também era inescrutável como o futuro, tudo
era a acácia incerta,salva somente pelo filme,
belo e terrível
que ficava para trás, anterior, passado.

– Não foi lá. Foi aqui.

Aquele cigarro, pelo menos não aquele, não me
mataria, mas lembro bem dele,
compunha
o quadro que eu me fazia de mim, sério, quase
sinistro, compenetrado
amante cercado do amanhã, nada promissor,

como o clima do filme mesmo, no
meio de fascistas italianos ante a platéia afeita a
violências, como sabíamos,
lá, no calor, nas notícias opressivas, nos
temperamentos de fera...

– Não. Aqui.

Então devo me resignar a que não verei nunca
mais aquelas paredes pardas,
o corredor, a passagem, as pessoas juntas por
força da fila de saída, o cigarro sério,
o curto caminho para tua casa, para a descoberta
dos corpos e o amor/terror incurável
que ainda me está, me sou, me lembra de então,
de lá, do filme, de tudo...

– Ora, meu literato... Mas foi aqui.

Devo então resignar-me. Afinal perda a
mais, perda a menos, estou me
familiarizando com isso.
Nem todo passado é Recife.

SONETO

Vale voltar à mentira do amor
agora que sabemos que é mentira.
Nada se põe a mais nesse tesouro
e nada (que é viver), nada se tira.
Os pretéritos selos, o que ouvira
dizer o nosso ouvido, o sangue mouro
de uma bravura que em nós, só, delira,
a mancha no estandarte, que é desdouro,
reviva tudo! Pouco importa, quando
nós dois já quase mortos nos tocamos
com a mão de leve, terminal, roçando
final película, limite; estamos
sabendo tudo e ainda assim, negando
tudo no amor, perdemos, mas amamos.

CARTAS PASSADAS

A Rosalie e Carlos Lima

Se eu morrer amanhã, há de ter sido
ainda desta vez, só por aquele,
o movedor dos astros,
o que Dante
tratou bem, mas tratou mal, se andou distante,
perdido nas esferas e sem corpo:
não quero assim, fugido amante torpe,
entre fumos te ver, longínqua e pura,
que quero impuro o amor que me corrompe
e inscreve em ti o que não se ousaria,
mulher, floresta não,
bosque sem fim, oscuro e claro,
ó penedia
e primavera de guirlanda, o lume raro
que não redime
e amo rasgada, eu suicida, ó tudo,
ó nada, só meu sonho, claro crime.

XADREZ

O xadrez é um jogo maldito.
O filho de Carlos Magno matou com um
tabuleiro
O filho de Rolando, porque perdeu.
Bobby Fisher dizia que adorava ver
O esmagamento do Ego do adversário.
O xadrez é fascista,
O xadrez é Deus.

Para que ninguém esqueça do seu poder
O xadrez faz com que todos percam, aqui e ali,
E baixem a crista.
A crista é o xadrez.
Sua resposta final ninguém sabe,
Por mais que todos continuem perguntando.
A poesia também é assim, mas a poesia
Não se incomoda com respostas,
A poesia é só perguntar.

O xadrez, todo resposta, é ceifadeira
Que abriga, para cortá-las, as cabeças mais
sombrias
E as mais claras, dando a todos
A idéia da Força, que carrega consigo
O germe do Fracasso.
De cada lado do tabuleiro
Cidadãos pelo demais decentes
Se assassinam diante de duas cores
Que o Deus fornece, mastigando carnes.

Marcel Duchamp, em viagem,
Ficava no Hotel, jogando torneios,
Alheio à megalópole e aos passeios.
Capablanca foi feliz? Alekhine, certamente não.
Nem Mikhail Tal, nem Botvinik.
Ser feliz talvez não importe muito
E talvez nem seja possível,
Mas qual a felicidade tóxica desse jogo?

Não existisse e não retornariam, todos
Ao velho clube onde ninguém é nada,
Senão sua Força. Onde perder hoje
Parece um tijolo do edifício chamado
Vencer, a seguir.

Pairando sobre todos
O Velho, que os manipula como peças.

CELLO

Para Ricardo e Zenilda Oliveira

1.

Este velho que ouço na voz do *cello*
ainda viril e encapuzado
sabendo tudo e lento e irado
é talvez Deus:
– "Sou Eu no Meu Melhor" –
está dizendo,
e é também Bach
que vem agora à corda conclusiva
de Yo Yo Ma.

2.

O velho está lá
que sempre acende cada corda.
Capuz e barba, e sua ciência-remorso;
A rascante revelação:
Deus errou.

Tudo pode
no grave, no severo,
e pode toda a luz e todo o mar
e pode a Si
– mas como é Deus, errou.

3.

O *cello* diz falando só no acerto,
a partir do erro de Deus.
Porque houve um erro, se torna possível
erguer-se o som, alçado assim
ao infinito:
surgido contra o nada e seu silêncio
e da fricção.
Do lamentar.

Do atrito.

CODA

Vão resistir alguns subúrbios
das lembranças, na escuridão.

Um rosto de arquivo morto
que a nada se relaciona;

certo abraço de amor
sem nenhum sexo;

um gole dágua,
a sede que o iluminava

mais que o sol daquela outra
manhã também casual;

o acorde de uma música
não eleita;

o de outra, amada;
o pátio, na sombra

que o verso viu
e nunca povoou;

palavras soltas;
talvez dor;

e o que é de barcos e portos,
partir, chegar.

ESTIVE MEIO ESQUISITO HOJE

Quem me chamou nesta floresta verde
e foi num sonho e não me lembro mais?
Era mulher, vestida de menina,
encontro do que eu quis e posso agora,
mas era estranha e me chamava indo
em direção a si, mas sempre atenta
a mim que lhe antevia a indiferença.

Que mitos eu guardei, nela contidos?
Que jogo de recusas ressenti?
Que amor perfeito se guardava ali?
Por que laço infantil pelos cabelos?
Ainda agora está me olhando e alguma
Coisa nela se espanta que eu não vá.
Está a um passo de partir sozinha
E de repente penso que é a morte.

Não vou continuar neste poema
Que é menor que o sombrio da Mulher-
Menina-Morte que olha para mim.
Sou olhar para ela, que é esguia,
De expressão neutra, e já quase partindo.
E ela está lá, olhar em mim, diante
Da borda da floresta – mas não entra.
Não sei por que sei que ela vai na fímbria
Da sombra, bordejando a escuridão.

Porém não entra. E eu sei que não temo
Seu coração. Que nada vai mudar

Este flagrante perdido num tempo
Que nem é deste mundo, o sonho é longe.
O sonho voltará? Pois não precisa,
Que está gravado em mim, carrego em nuvem.
Um passo que ela dê, será meu fim,
Talvez, que sei que agora a minha espera
É novo adiamento e não demora.

CANÇÃO PARA LEOPARDI

Hoje é segunda,
Amanhã, como é das terças,
Nada amanhece que me desvaneça.
Conto o passado por uns dedos magros,
Conto o presente sem os candelabros
Que longe vi;
– É como Leopardi
Chorando Itália, e ter nascido ali.

Foge-me o tempo que nunca me trouxe
O que esperei – e era o que eu não sabia.
Tarda-me a morte: e ela outrora mostrou-se
Disposta e pronta a me encerrar o dia!
Tarda-me o sono, que à noite pedi.
– É como Leopardi
Chorando os Cantos, esta minha tarde,
À espera de partir, sair daqui.

Vagas estrelas
Que foram ameaças e promessas
Agora nem tiritam, que interessa
A cada uma só bastar-se a si.
Também me basto a mim neste silêncio:
– É como Leopardi
Firme e agridoce o espaço que me penso
E que esperei de estrelas e perdi.

Não há seguir, no rumo que retorna,
Caminho que procura o de onde vem,

– Que é de voltar, e não se cumpre bem,
Como previ.
Antes não começasse, que não finda,
E não seguisse o que lhe resta ainda:
– É como Leopardi
E em seu verso a leveza, esta tristeza
Que espera aqui.

POESIA

A Rita e Renato Casimiro

Nem sempre está disponível
(agora mesmo não está)
mas às vezes diante de muita provocação,
fica: é preciso
estar com a cabeça boa
e cabeça também nem sempre está disponível,
como agora.

É preciso ter bom fígado
bons amigos – ou pelo menos um –
mulheres para lembrar ou praticar
decentemente. Nem sempre estão,

nem sempre. Como agora.
Versos que ecoam, alheios e próprios,
ajudam. Certa nervura que aparece
depois de arranhada, vergão
na pele da asa.

Asa é preciso.
Mesmo quando pesa chumbada
ao chão, mortiça e torpe.
Algumas até propiciam, do peso, o sopro.

Sopro é preciso.
Quase sempre vem de fora.
E às vezes não vem ou vem do inferno
como agora.

POR UM QUADRO DE REINALDO FONSECA, NA CASA DE JORGE MARTINS FILHO. RECIFE

Existe uma menina que é a morte.
Com o pé no estribo, me olha do triciclo,
diretamente. É como um dardo, o amor
fatal que há no seu olho e na certeza

inadequada e substancial que manda.
Menina em laço, organza e pé no estribo,
olha de lá, mas sabe do meu mundo
e está fora mas dentro, como a pele.

Há uma roda, no quadro; a do triciclo?
Ou triciclo não há, que ando perdido?
Olhando olhado, olhando para mim,
os cabelos cortados bem severos.

Algo que é fosco e tem sabedorias
da luz na discrição. As esquadrias,
que se camuflam no veludo baço.
O traço, que afinado em silenciar.

Um sapato, de arreata e de verniz
a perfeição olhando, olhando em mim,
diz nada tudo e sei que ela é a morte.
Não fosse e não me sorriria assim.

Existe esta menina, que é a morte:
Sei pelo corte, havido em traço reto,
pelo que diz, em seu poder de argolas,
pelo que fui, com ela, ao lado dela.

É bom saber que a morte é uma menina.

PARA MÁRCIA

Árvores urbanas que se comunicam
por raízes últimas com a Árvore;

pássaros que preservam a custo sua pátria
como se a levassem na asa;

águas represadas, falando de longe
com o mar;

teu olhar;
teu olhar.

Um poema que esqueceu aonde ia
e não pôde terminar;

a força que o fez nascer
doendo por inconclusa;

fotografias cortadas
que amputam corpos ou paisagens

e falam mais no que negam;
peças de metal que não sabemos de onde;

o que está no fim da música
e não alcançamos;

a ansiedade da altura
a ponte incompleta

estar no ontem
e o não possuir por relembrar:

teu olhar.
Teu olhar.

VORAGEM

de madrugada vou para a varanda
homenagear a tempestade

montanhas e relâmpagos
sobre automóveis com medo

sou campestre e urbano
sou a margem trespassada
pelo vento feroz

o céu se diurniza em fogaréu
fica mais céu

não há em parte alguma a humana voz
até que a lembre o trovão
e fale eu mesmo comigo
na madrugada junto à tempestade

– que são na realidade
essas montanhas meditativas
denunciadas pela luz?

(ela me amou durante um olhar e meio
fino véu que a tempesta levaria)

não, eu não me respeitaria mais
e nem a um minuto dos dias que me restam
se não estivesse aqui sem nenhum pudor

– parecendo victor hugo, pintado na rocha e na
tormenta –

aqui na chuva
estendendo a mão ao raio.

O JAGUAR

Há no meu quarto um jaguar
que olha minha cama.
Já não sei se há debaixo dele um armário
ou outro móvel qualquer
porque só ele é real:
o demais é sonho.

Não durmo, olho o jaguar
que me olha imóvel.
Não respiro, olho em seu olho
a luz que esqueceu de onde veio.
Não vivo, até que amanheça,
esperando que o dia mude tudo.

Com esperança diversa,
no alto,
ele segue me olhando.

O QUE É

Amado é aquilo a que sempre voltamos
sabendo que seu nome é também perda.
Das artes de perder nos refazemos
para novo perder que nos vicia.

Amado é o que trama o que afastamos
na volta que empreendemos como cegos.

O cego infante.

O que em nós nos confunde
pela recusa: o que era desprezível
e agora assina o que fazemos, forma
ora aceita sem ranço e que é a mesma, a antiga
matéria arrefecida há dois instantes.

Amado é o que não vemos
ao consumir, nele vivendo a morte
que temos e perdemos, pura essência
do núcleo do que somos, grão central
que fabricamos e que nos fabrica.

Onde nos eletriza uma aventura
que é velha e nova e que receia a luz.

Que escolhe não a sombra, mas o turvo
e não a escuridão, mas o nublado,
para que tudo fique mais sonhado
do que real: é a malícia no mal,

tropeços do bem, que assim persista
por se mostrar em seu avesso.

O que não se imagina o fim
nem é novo em seu começo.

O ANÃOZINHO (OU CARTA AOS INCRÉUS)

Tenho aqui em casa um anãozinho que é quem faz, na realidade, minhas traduções de poesia. Escreve também os poemas e prepara as aulas que dou na minha pobre universidade. Cumpre mandados gerais da casa, como ir ao correio e sentar na varanda sem fazer nada. Uso-o, de vez em quando, como flor. É rapidíssimo e se gaba de sê-lo a qualquer pitonisa que conheça. É um anão peculiar, que não lê os suplementos literários aos sábados, mas só nas segundas, quando eles já estão dormidos de dois dias; alega que assim dói menos. Certa vez, enquanto eu lia o mesmo texto de sempre do Paulo Mendes Campos, vi que também ele comia um girassol. Adormeci de imediato. Era talvez a cura para a insônia; mas conjugar todos os elementos da receita não era coisa fácil, ainda mais nas altas horas da madrugada em que me alumbro iludido: – pensando que estou trabalhando e o anão em coma alcoólico, quando o que se passa costuma ser justamente o contrário. Aí desisti. Hoje, passo as noites normalmente em claro enquanto ele dorme sem fazer nada, deixando para amanhã ou depois aquele verso emperrado. Mas confio nele, embora seja um anão de cara amarrada. É por isso que os anões-violeta têm má-fama. E ainda mais porque preferem ambrosia e têm o mau-costume de subir pelas paredes como carambolas.

PERMITIDO FUMAR

Esse teto tranqüilo onde andam pombas
é todo em zetaflex e filtra o sol
que na manhã se banha em minha sombra
e aquece mais que o quer a minha morte.

O diamante por cima e embaixo o tédio
são males meditáveis sob os óculos
e o que não tem, chama a si de remédio
e se modela a mágoa a preços módicos.

Velho casarão que funcionários renovam
de vida, sim, no tédio não, toda manhã.
Os automóveis na rua, dois cafés que se olham
com ódio, na esquina em T.

Isso aqui, onde não se fuma. No outro lado, a
    imagem
que fica em casa e na memória, o espadarte
na televisão, todo o contrário
do micromorto olhar que no meu olho

vai preparando a grande e empoeirada
cortina de veludo, pano rápido.
Sem diamante por cima. E bem lembrada
de cada grão de poeira e cada olhar

já morto na manhã, no seu calor.
Fumamos debaixo deste e de outros tetos.
Com funcionários e espadarte
ao sol, na esquina em T.

Quebrado o desencanto, os dois bares
vão se atirar nuvens amáveis
de fumo e de vapores conciliados.
Apesar do calor, indiferente.

ORELHA

Ouve que não estou contra a música,
irmã da memória e da comoção,
embora nem tudo se faça com ela, em poesia;

portanto, nada contra a comoção, também,
que não é inimiga da lâmina racional
pesquisadora fria do mais dentro do Dentro;

nem contra a metáfora, ainda que alguns
se obstinem em antagonizá-la,
esquecendo, talvez, que ela é a mãe da
        linguagem

e não há como (nem por que) deixá-la;
nem contra o adjetivo, que pode, como em
        Jorge Luis Borges,
adornar sem enfraquecer, luzir sem banalizar;

nem contra a expressão lírica e seu espelho
        narciso
que pode olhar sem se afogar,
e ir desde seus males ao mundo em redor;

nem contra o coração, sempre melhor que as
        tripas,
animador de Dante e Lorca e Verlaine
e que existe como a alma dos pátios secretos,

alheio a anatomias e concretudes;
nem contra a própria anatomia do concreto
ou formas fragmentárias do corpóreo

e do sensível; nem contra a forma fixa
que só constringe e amarra os predispostos a
abominá-la;

ouve
que dentro das (vencidas) proscrições
é mais difícil, não mais fácil, Ter;

que em tudo a força está ou não está
e isto somente importa, estar a força,
reconhecer-se o olhar em seu objeto;
qualquer espaço é bom a tal passagem,
e disto, orelha, muito bem já sabes,
mesmo que não pareças ouvir.

APÊNDICES

Uma das coisas mais difíceis continua sendo
o uso das mãos quando não estão fazendo algo
especificamente delas, como escrever, cortar
alimentos,
abotoar a roupa, agir no sexo;
nas salas de visita, num saguão, nos gabinetes,
nos balcões,
nos encontros de rua, na sala de aula, no médico,
no bar, no quase-sempre
– que fazer delas?

Não consigo atrair para elas os objetos,
senão que elas têm de ir lá e pegá-los.
Não perfumam nada. Não transformam
a física das coisas nem ajudam a voar.
A rosa as modifica.
Assumem posturas especiais no caso de certas
moças
e – não sei ainda – talvez por isso fiquem nelas
mais macias. Parecem aí a própria rosa,
sua igual.

Às vezes parecem um bicho autônomo
e espanta que não andem por si mesmas.
Ou convocam a atenção para seus componentes
que têm nomes específicos. O menor de todos
é o mais importante. Nenhum é inútil.

A Concepção teria para elas
alternativas mais brilhantes;

embora esta seja funcionalmente razoável,
sobram muito do corpo e de tudo
quando alguém, como eu, não sabe onde
colocá-las.
De tocar violino a rachar lenha,
fazem muito; mas não acendem,
não iluminam e não geram.

Confinado a elas me resigno
e escrevo.

DO GLOSSÁRIO: ÁRVORES

Relativas à palavra "chuva"
e à palavra "sombra".
Também a frutos e raízes.

Contêm pássaros.
Neles, elas cantam.

De sua fala própria
se diz que farfalham.

Aglomeram-se em parques,
jardins e bosques
e florestas (*q. v.*).

Atendem
(não atendem)
por nomes diversos.

Às vezes solitárias,
mostram mistério maior.

Comunicam-se entre si
por meios invisíveis aos homens.

São todas uma só.

IN TABULA

Havia uma janela no seu peito
que dera fuga à sua vida.
Não era janela gênero Magritte
nem era ele o "dorminhoco do vale":
estava lá, branco/verde como o Cristo Morto de
Mantegna.

Estendido na mesa do hospital,
ninguém chegava perto
como se um campo magnético impedisse
que alguém se avizinhasse:
em torno dele o silêncio e a deserção
cresciam expandindo a clareira
até hoje que lembro iluminada.

Um seu amigo chorou, de longe.
Fez uma frase assintática
"E meu amigo que ele era em mim tanto"
ou qualquer coisa parecida.
Enfermeiras veteranas desciam dos andares
para ver: viam de longe
olhando por cima dos ombros das outras
falando baixo.
Não penetravam o espaço mágico
do homem branco e verde com a janela no peito.

Em alguma parte da cena eu olhava também
de minha janela.

DO TERRAÇO

Se não fosse
na tarde demarcada
da floresta lá longe
a mancha branca
voando bailarina a que afinal
reconheci como um plástico translúcido
desses de supermercado
bem seria
plenamente uma garça
uma gaivota.

Título	*Antologia Poética*
Autor	Jorge Wanderley
Seleção	Márcia Wanderley
Revisão	José Laurênio de Melo
	Sebastião Uchôa Leite
Capa	Clara Cavendish (Ilustração)
Projeto Gráfico	Ricardo Assis
Editoração Eletrônica	Aline E. Sato
	Amanda E. de Almeida
Administração Editorial	Valéria C. Martins
Formato	16 x 23 cm
Tipologia	Sabon
Papel	Pólen Rustic
Fotolito	Binhos
Impressão	Lis Gráfica
Número de Páginas	242